1986—2005

菏泽牡丹黄河

大事记

牡丹黄河河务局 编

黄河水利出版社

·郑州·

图书在版编目（CIP）数据

菏泽牡丹黄河大事记：1986～2005/牡丹黄河河务局编．—郑州：黄河水利出版社，2013.1

ISBN 978-7-5509-0416-3

Ⅰ．①菏…　Ⅱ．①牡…　Ⅲ．①黄河-水利史-大事记-菏泽市-1986～2005　Ⅳ．①TV882.1

中国版本图书馆 CIP 数据核字（2013）第 010976 号

组稿编辑：韩美琴 电话：0371-66024331 E-mail：hanmq93@163.com

出 版 社：黄河水利出版社

地址：河南省郑州市顺河路黄委会综合楼 14 层　　邮政编码：450003

发行单位：黄河水利出版社

发行部电话：0371-66026940、66020550、66028024、66022620（传真）

E-mail：hhslcbs@126.com

承印单位：河南省瑞光印务股份有限公司

开本：787 mm×1 092 mm　1/16

印张：10.5

字数：130 千字　　印数：1—1 000

版次：2013 年 1 月第 1 版　　印次：2013 年 1 月第 1 次印刷

定价：59.00 元

1998年7月15日，刘庄引黄闸闸门卡阻围堵现场

1996年8月，大洪水过后，菏泽市专员李明先、市长李永昌察看兰口手压井冒水情况

“96·8”洪水期间，原山东省黄河河务局局长葛应轩、田浮萍检查工作

1996年8月，菏泽市专业抢险队抢险现场

1998年7月，职工在抛乱石抢险

2002年10月，筑路队在黄桩号223+450处进行堤顶路面硬化施工

2002年7月，时任牡丹区黄河河务局局长布如坤向检查防汛工作的区委书记尹玉明介绍黄河河势

2002年9月6日，牡丹区黄河河务局省级文明单位揭牌仪式

菏泽市市长赵润田检查防汛准备及调水调沙生产运行情况

晁民法局长现场向赵润田市长汇报刘庄险工工程情况

时任牡丹区区委书记尹玉明等检查黄河防汛工作

2004年8月，晁民法局长与技术人员研究抢险对策

2004年8月，菏泽市、牡丹区河务局领导查看险情

2004年8月，刘庄险工坝前紧张抢险

刘庄险工34坝抢险情况

2005年，牡丹区人大代表视察黄河防汛工作

2005年，山东省防汛抗旱总指挥部领导检查黄河防汛准备情况

工程机械在复堤工地

牡丹河务局河务段职工对险工坝岸进行日常养护

吸泥船在紧张作业

牡丹区参加黄河防汛演习的基干班民兵们

刘庄险工坝群

堤防

刘庄险工

备防石垛

备防石垛

刘庄险工

刘庄险工一角

刘庄引黄闸

绿荫下的险工工程

牡丹黄河河务局张闫楼控导工程

平整坚实的伟岸长堤

天香风韵

夏日牡丹黄河堤防

休闲天然氧吧

绽放的牡丹亭

硬化绿化后的黄堤

编纂委员会

主 任 委 员：周献勇
副主任委员：冯特立　徐荣安　郑观堂　刘朝选　光治合
委　　　员：曹明泉　桑圣生　孔令科　梁鲁伟　王志兴
　　　　　　曹更轩　时国军　刘洪民　刘英杰　曹德印
主　　　编：周献勇
副　主　编：冯特立　徐荣安　张宪柱
常务副主编：郑观堂　曹明泉
执 行 主 编：左泮书
执行副主编：刘守文　王翠红
编　　　务：冯再勇　高翠玲　任淑文　李志真
　　　　　　王庆华　刘素玲　李跃萍　王殿胜
摄　　　影：郑观堂　曹明泉　王翠红
绘　　　图：李　锟　刘素玲
审　　　定：周献勇
编　　　审：郑观堂
校　　　核：冯再勇　王翠红
封 面 设 计：郑观堂　曹明泉
审 定 单 位：山东黄河河务局黄河志编纂办公室
　　　　　　菏泽黄河河务局黄河志编纂办公室

序

菏泽牡丹黄河始于1855年。150多年来，牡丹黄河孕育了一代又一代两岸儿女，创造了物华天宝、人杰地灵的社会环境。牡丹黄河位于山东黄河的上游，处于黄河过渡性河段。黄河堤防、沿堤险工、滩区控导、障东堤等防洪工程，是防御黄河洪水的主要屏障。

公元1946年之前，牡丹黄河千疮百孔、三年两决口，给人民带来了沉重的灾难，沿黄群众更是深受其害，民不聊生。

自1946年人民治黄以来，在中国共产党的领导下，牡丹黄河经过了4次堤防加高培厚和标准化堤防工程建设，战胜了历年汛期洪水的威胁，取得了岁岁安澜的丰功伟绩，确保了沿黄人民群众生命、财产的安全，促进了当地的经济发展与社会和谐。

《菏泽牡丹黄河大事记》记载了1986年至2005年的牡丹黄河发展史，主要记载了在此期间牡丹黄河发生的政治、经济、人文、地理、管理等较大事件。是功在当今、利泽后世的重要文献。编著、出版《菏泽牡丹黄河大事记》，是牡丹治黄史上的又一件大事，是对黄河史志资料积累的又一大贡献。是今后指导牡丹黄河的治理、建设、开发、利用的重要参考文献，牡丹黄河建设也必将迎来更加辉煌的明天，也必将提升给人类带来福祉的利用价值。

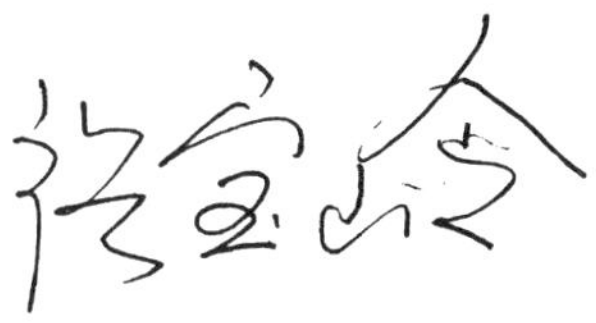

2012年12月

凡　例

一、指导思想

《菏泽牡丹黄河大事记》是菏泽牡丹治黄史的真实记载。《菏泽牡丹黄河大事记》的编写，坚持存真求实的原则，记述了牡丹黄河河务局在治理、开发、运用、管理黄河过程中的大事、要事，是服务当代、惠泽后世的真实记录。

二、体裁

本书采用“记”、“图”、“录”三种志书体裁，以记为主，辅以照片、图表。为方便制版和印刷，所收照片均集中在书前，图表插入相应内容其中或后。每张照片、图表均配有简要文字说明。

三、体例

本书采取编年体为主，辅之以记事本末体，按事件发生的先后顺序，一事一记，有简明标题以利阅读和检索。日期不详的，记于本月末或年末。对持续（或间隔）时间较短的同一事件，则一次记述其始末。对持续（或间隔）时间较长的同一事件，按照事件发生或发展的过程分别记述。

凡收录的大事，原则上记述其发生的时间、地点、人物及事件简介和结果，力求保持事件的准确性和完整性。

四、收录标准

主要收录牡丹黄河河务局（原菏泽黄河修防段、原菏泽市黄河河务局、原牡丹区黄河河务局）在本辖区黄河治理活动为主体，主要收录范围、内容如下：

1. 牡丹黄河治理工程。包括堤防建设、险工坝岸改建、河道整治、机淤固堤、滩区建设、通信建设等工程规划、设计、施工、完成工程量、投资、效果等。

2. 防汛工作。包括指挥机构建立，防洪、防凌预案制订与实施，防汛队伍、组织建设，防汛物资储备与使用，滩区安全建设、滩区迁安救护，防汛通信、信息化建设，防汛抢险技术推广应用、设备革新发明，重大险情抢护，枯水年河道断流等情况。

3. 水资源管理与利用。包括水资源管理，水量调度，引黄灌溉，水费征管，工农业生产和城镇供水，引黄渠首兴建、改建和维修等。

4. 科技与教育。包括科技交流，科技成果获省（部）、黄河水利委员会、山东黄河河务局奖励项目，科技人才培养，职工教育等。

5. 规划与建设。包括黄河水利委员会、山东黄河河务局、菏泽黄河河务局制定和批准的黄河各类工程规划，重点工程设计及实施情况，工程勘测情况等。

6. 机构变更。遵照上级文件精神变更、调整的各时期不同机构名称，包括原“菏泽市黄河修防段”、原“菏泽市黄河河务局”、原“牡丹区黄河河务局”和现“牡丹黄河河务局”名称，所属机关科室、河务段、工程处、闸管所变更及正副职负责人任免，以及相应级别的专业技术人员职称评聘等事项。

7. 重要会议。包括上级在本单位召开的各种会议，以及地方政府召开的有关黄河治理、黄河防汛等会议，本单位召开的重要会议。

8. 领导视察。包括山东省防汛抗旱指挥部、山东黄河河务局、菏泽黄河河务局，菏泽市及牡丹区党委政府领导调研、视察、检查黄河治理（防汛）工作，以及其他上级领导视察等。

9. 法规条例。包括国务院、水利部、山东省、菏泽市、牡丹区制定颁布的有关黄河治理的法规、条例、意见等。

10. 表彰与奖励。包括山东省、黄河水利委员会、山东黄河河务局授予的劳动模范、先进集体和先进个人等。

五、资料来源

主要来自本单位原始档案和集存的文字、图片资料等，以及水文单位、地方史志办、治黄专著提供的文献资料。凡收录的资料，均已考证核实，一般不再注明出处。

六、文体文风

本书行文使用语体文、记述体，言简意赅，直书其事，不加褒贬。语言力求严谨、朴实、简洁。文字采用国家规定的汉字简化字。

七、起止时间

上限起于公元 1986 年 1 月 1 日，下限止于公元 2005 年 12 月 31 日。记事本着立足当代、详近略远的原则直述。

八、单位、机构名称

本书中使用较多的单位、机构名称多用全称，有时会因文字语句关系出现简称。其相关单位、机构简称如下：

国家防汛抗旱总指挥部，简称国家防总；

黄河防汛总指挥部，简称黄河防总；

水利部黄河水利委员会，简称黄委会；

山东黄河河务局，简称山东河务局或省局；

菏泽地区黄河修防处，简称菏泽修防处或修防处；

菏泽地区黄河河务局，简称菏泽地区河务局或地局；

菏泽市黄河河务局，简称菏泽市河务局或市局；

中国共产党菏泽市委员会，简称中共菏泽市委；

菏泽市人民政府，简称菏泽市政府；

中国共产党牡丹区委员会，简称中共牡丹区委；

牡丹区人民政府，简称牡丹区政府；

菏泽黄河修防段，简称菏泽修防段；

牡丹区黄河河务局，简称牡丹区河务局；

牡丹黄河河务局，简称牡丹河务局。

涉及到的人物名称，一般直书其姓名，必要时加职衔。其他行政区划、机构名称书写按当时称谓记述。

九、计量单位

以 1984 年 2 月 27 日国务院发布的《中华人民共和国法定计量单位的规定》为标准，行文的计量单位名称均用阿拉伯数字加汉字表示。如：20 公里、30 立方米、4000 立方米每秒等。

十、标点符号

以 1995 年 12 月 13 日国家技术监督局发布的《标点符号用法》为依据。

目　录

1988 年

1989 年

1990 年

1999 年

1986 年

解凤英荣获山东黄河河务局“三八红旗手”称号

1 月 山东黄河河务局授予解凤英“三八红旗手”称号。

菏泽黄河修防段多种经营办公室增编

1 月 28 日 菏泽黄河修防段为了搞好多种经营，扩编多种经营办公室，增设正副主任、技术管理人员、会计、统计人员等岗位和多种经营班，计 32 人。

菏泽黄河修防段荣获菏泽市文明卫生先进单位称号

2 月 菏泽市爱国卫生运动委员会授予菏泽黄河修防段 1985 年文明卫生先进单位称号。

菏泽黄河修防段电话站受黄委会通信总站表扬

2 月 20 日 菏泽黄河修防段电话站在 1985 年特大风灾后，发扬连续作战、顽强拼搏的精神，及时修复线路，恢复通话，受到黄河水利委员会通信总站的表扬。

王惠己重新安排工作

2 月 24 日 山东黄河河务局以［1986］黄政发 24 号文，同意重新安排王惠己到菏泽黄河修防段工作，工资定为 64 元（含工龄津贴 1.5 元），精简回乡期间不计算工龄。王惠己是 1962 年从本段下放干部、知识分子时下放回乡的。

李培堂荣获山东河务局优秀工会工作者称号

3 月　山东黄河河务局黄河区工会授予李培堂优秀工会工作者称号。

刘庄险工加高改建工程开工

3 月 7 日　刘庄险工加高改建工程开工。该工程由菏泽黄河修防段工程队分三批施工，共拆改坝岸和抛根石 15 段，于 9 月 30 日竣工。完成石方 5 586 立方米（其中新增石 3 823 立方米），土方 2 745 立方米；完成投资 18.25 万元。12 月 24 日，工程通过菏泽黄河修防处组织的竣工验收，验收组评定工程质量良好。

菏泽黄河修防段电话班获先进集体称号

3 月 16 日　在黄河水利委员会通信总站开展的“线路无故障、先进话务班、电报万组无差错”三项业务竞赛活动中，菏泽黄河修防段电话班获得先进集体称号。

菏泽黄河修防段淤区包边盖顶工程开工

4 月 9 日　菏泽黄河修防段淤区包边盖顶工程开工。该工程施工地点分别在黄堤桩号 219 + 200 ~ 220 + 000、221 + 100 ~ 222 + 400、225 + 320 ~ 226 + 049 三段，由菏泽黄河修防段组织菏泽市李村镇民工施工。工程于当年 12 月 27 日竣工，完成土方 5.37 万立方米，完成投资 18.76 万元，通过了菏泽黄河修防处主持的竣工验收，被评为合格工程。

菏泽黄河修防段增设无线电话

4 月 29 日　菏泽地区无线电管理委员会，同意菏泽黄河修防段设 5 瓦红灯牌 747 型超短波无线电话机 4 部。

菏泽黄河修防段险工控导维修和堤防绿化

5 月 6 日 菏泽黄河修防段险工控导维修土、石方工程开工，5 月 30 日竣工。工程由本段工程队承包施工，共完成石方 400 立方米、土方 1 700 立方米，完成投资 2.23 万元。

堤防绿化由职工和护堤员分春、冬两季施工，3 月 1 日～4 月 7 日完成植树 28 020 棵，植条 1.10 万墩，育苗 5 亩，冬季打柳橛 7 780 棵，完成投资 1.15 万元。

1986 年汛前河势查勘

5 月上旬 黄河水利委员会组织有关单位进行汛前河势查勘，菏泽黄河修防段技术人员参加了所辖河段的查勘。查勘期间大河流量在 480～730 立方米每秒之间，刘庄险工河势上提。

程佩娥获山东河务局、黄委会优秀教师称号

6 月 山东河务局授予程佩娥优秀教师称号。12 月黄河水利委员会授予程佩娥优秀教师称号。

菏泽黄河修防段锥探灌浆工程开工

7 月 17 日 菏泽黄河修防段锥探灌浆工程开工，9 月 13 日竣工。工程分两期，施工地点在刘庄引黄闸和黄堤 227 + 200 ~ 227 +900 处，共完成锥探 8 100 眼，灌入土方 520 立方米，生产工日 1 221 个，完成投资 0.88 万元。

菏泽黄河修防段荣获青工正规化教育先进单位称号

7 月 山东黄河河务局授予菏泽黄河修防段青工正规化教育先进单位称号。

菏泽黄河修防段荣获工程管理好名次

10月6日 在山东黄河河务局组织的工程管理检查评比中，菏泽黄河修防段荣获堤防管理第一名、刘庄险工管理第三名的好成绩。

1986年汛后河势查勘

10月下旬 菏泽黄河修防处组织所属修防段有关人员进行汛后河势查勘，上从东坝头下到国那里，查勘期间大河流量320~560立方米每秒，刘庄险工10号坝护岸~30号坝靠河。

黄委水利委员会授予李春云劳动模范称号

10月30日 黄河水利委员会黄河工会以黄办字［1986］48号文授予李春云黄河系统劳动模范称号。

菏泽黄河修防段荣获治黄工作先进集体称号

10月 山东黄河河务局山东区工会授予菏泽黄河修防段治黄工作先进集体称号。

光振伍等荣获荣誉证书和证章

11月6日 山东黄河河务局以黄政发字［1986］106号文给参加人民治黄工作30年以上的职工颁发荣誉证书，菏泽黄河修防段光振伍等37名职工（含退休）获荣誉证书和证章。

《菏泽黄河志资料汇编》定稿

11月 菏泽黄河修防段1983年开始编撰的《菏泽黄河志资料汇编》定稿，资料汇编分5篇14章，另附菏泽黄河大事记，共约35万字。

菏泽黄河修防段在各项工作检查中获得好名次

12 月 在山东黄河河务局和菏泽黄河修防处组织的各项工作检查评比中，菏泽黄河修防段堤防管理、物资管理、职工建家工作荣获第一名，险工管理工作获第三名，被山东黄河河务局评为先进集体。

刘庄引黄闸完成引黄供水及水费征收任务

同年 菏泽黄河修防段刘庄引黄闸共放水 22 711.95 万立方米，应收水费 11.65 万元，实收水费 8.50 万元。

1987 年

菏泽黄河修防段植树绿化工程开工

3 月 3 日 菏泽黄河修防段植树绿化工程开工，4 月 10 日竣工。工程实行包栽包活的办法，共植树 2.69 万株，完成投资 1.15 万元。所栽树木普浇 1～2 遍水，成活率达 92.1%。

菏泽黄河修防段开展黄堤锥探灌浆工作

3 月 8 日 菏泽黄河修防段黄堤锥探灌浆工程开工，施工地点在黄堤桩号 220＋550～221＋000、200＋000～221＋150（刘庄引黄闸）处。工程于 8 月 25 日完工，共锥灌 6 300 眼，灌入土方 447 立方米，完成投资 0.74 万元。

刘庄等 2 处险工加高改建工程开工

3 月 10 日 菏泽市黄河险工加高改建工程开工，工程的主要内容是对刘庄险工、贾庄险工共 7 道坝岸进行拆改、抛根石和乱石裹护。工程于 9 月 25 日完工，共完成石方 4 349 立方米（新增石 2 611 立方米），土方 2 280 立方米，总投资 10.96 万元。经菏泽黄河修防处验收，工程合格率 96.7%，被评为优质工程。

共青团菏泽地委等单位表彰营造黄河防护林先进单位和个人

3 月 14 日 共青团菏泽地委和菏泽地区林业局、水利局、菏泽黄河修防处联合表彰沿黄青年营造黄河防护林工程先进单位和个人。菏泽市被评为先进县（市），李村镇被评为先进乡镇。

徐兴文任菏泽黄河修防段党支部书记

3 月 26 日 中共菏泽市直属机关委员会以菏直发［1987］3号文公布徐兴文任菏泽黄河修防段党支部书记，侯同欣任副书记，刘守文、陈厚华、解凤英、曹景山、马松林任委员。

菏泽黄河修防段开展综合经营

3 月 26 日 菏泽黄河修防段根据山东黄河河务局关于开展增产节约、增收节支活动的通知精神，以及菏泽黄河修防处提出的双增、双节各项经济指标，兴办团鱼养殖场，开展淤区种植和汽车有偿服务，当年综合经营收入 1.52 万元。

菏泽黄河修防段淤区盖顶土方工程开工

4 月 4 日 菏泽黄河修防段黄堤桩号 223+400~225+105 段淤区盖顶土方工程开工。该工程共组织民工 400 余人包工修作，于 12 月 25 日竣工，完成土方 3.32 万立方米，完成投资 13.65 万元，1988 年 1 月 10 日通过菏泽黄河修防处主持的竣工验收。

菏泽黄河修防段与油楼村签订淤区承包合同

4 月 22 日 菏泽黄河修防段为发展综合经营，充分利用淤区土地，与油楼村签订 50 亩淤区种植果树合同。合同规定油楼村按每年每亩地向菏泽黄河修防段交土地承包费 24 元，全年 1 200元。承包期从 1987 年到 2006 年计 20 年，并由菏泽市公证处进行公证，公证书为［1987］菏公字第 784 号公证书。

菏泽市滩区生产堤破除

5 月 8 日 国务院印发关于清除行洪、滞洪障碍，保障防洪安全的紧急通知，菏泽地区防汛抗旱指挥部要求各县（市）按要求破除黄河滩区生产堤。由于领导重视，措施得力，从7月11日起，到16日止，菏泽市黄河滩区生产堤破除1 100米，平均挖深1.1米，共挖土方6 292万立米，扫清了河道行洪障碍。

杜东玉党籍恢复

5月20日　中共菏泽市纪律检查委员会以菏纪发［1987］28号文决定恢复原南华县黄河修防段（今菏泽黄河修防段）工程队指导员杜东玉的党籍，党龄从1938年算起。

菏泽市成立防汛抗旱指挥部

6月1日　菏泽市人民政府以菏政发［1987］21号文宣布成立菏泽市防汛抗旱指挥部。指挥部由18人组成，以市长李明先为指挥，下设三个分部，其中黄河防汛指挥分部由李明先任指挥长，楚长庚、徐兴文任副指挥长并分别兼任黄河防汛办公室正、副主任。

汛前河势查勘

6月16日　黄河水利委员会组织有关单位对花园口到陶城铺河段的黄河河势进行查勘，菏泽黄河修防段派技术人员参加所辖河段的河势查勘。查勘期间，黄河流量460～640立方米每秒，刘庄险工河势上提。

刘连铭检查黄河防汛工作

6月18日　黄河水利委员会副主任刘连铭到菏泽黄河修防段检查黄河防汛工作。

菏泽黄河修防段成立专业技术职称评审小组

6 月 24 日 根据山东黄河河务局和菏泽黄河修防处专业技术职称改革精神，菏泽黄河修防段成立了以楚长庚为组长的 5 人专业技术职称评审推荐小组。

开展防汛抢险演习

7 月 16 日 菏泽黄河修防处组织四县（市）修防段职工在鄄城黄河修防段营坊险工，进行堵漏抢险演习。菏泽黄河修防段机动抢险队 30 人参加了演习。演习内容为采用临河软帘复盖、背河土工布反滤法抢堵临河浅水漏洞，洞口水深 1.5 米、洞径 10 厘米，历时 9 分钟。

菏泽市堤防管理委员会调整

9 月 22 日 菏泽市人民政府以菏政办［1987］51 号文调整菏泽市黄河堤防管理委员会负责人，主任由赵守增担任，副主任由赵广祯、楚长庚担任。黄河堤防管理委员会办公室设在菏泽黄河修防段，徐兴文任办公室主任。

汛后河势查勘

10 月上旬 黄河水利委员会组织河南、山东河务局对东坝头至孙口段汛后黄河河势进行查勘，菏泽黄河修防段有关人员参加了所辖河段的河势查勘。查勘期间，黄河流量 140～235 立方米每秒；和汛前不同的是刘庄险工 38 号～43 号坝前滩地有掉沿现象，贾庄险工前也有掉沿现象。

菏泽黄河修防段堤防等被评为优秀工程

11 月 23 日 山东黄河河务局以［1987］黄管字第 54 号文

公布1987年山东黄河河务局工程管理优秀单项工程。菏泽黄河修防段的堤防、刘庄险工、张闫楼控导工程均为优秀工程。

周洪军受黄河水利委员会表彰

12月27日 黄河水利委员会以黄会字［1987］第35号文表彰周洪军为工会工作积极分子。

菏泽黄河修防段成立改革领导小组

12月31日 菏泽黄河修防段根据人事制度和经济体制改革需要，成立了以楚长庚、李培堂为正副组长的五人改革领导小组。

菏泽市兴建高庄至西高寨黄河防汛公路

是年 高庄至西高寨全长9公里的黄河防汛公路竣工，菏泽黄河修防处分别以［1986］菏黄工25号文和［1987］菏黄工41号文批拨补助经费10万元。

刘庄引黄闸完成引黄放水及水费征收任务

是年 菏泽黄河修防段刘庄引黄闸共引黄放水34 885万立方米，应收水费17.53万元，实收16.60万元。

1988 年

菏泽黄河修防段实施经济体制和人事制度改革

1 月 16 日 菏泽黄河修防段根据上级关于经济体制和人事制度改革的精神，实施经济体制改革，主要是贯彻执行以承包为中心的各项改革，对所有基建工程和有实物工程量的岁修工程全部实行承包。人事改革的主要内容为：①全面实行干部任期制和内部聘任制；②实行目标管理制，将总目标层层分解，落实到人；③建立百分考核制，考核结合岗位目标进行；④实行部分工资浮动。同时制定了菏泽黄河修防段《关于百分考核，浮动工资评分办法》。

菏泽黄河修防段聘任中层领导干部

1 月 18 日 菏泽黄河修防段下发［1988］菏黄政字第 1 号文，中层领导干部进行调整，宣布刘守文任政工股股长，曹景山任工管股股长，常思贤任工务股股长，侯同欣任财务器材股股长，孙建华任秘书股股长，周洪军任多种经营办公室主任。

多措施宣传《中华人民共和国水法》

1 月 21 日 第六届全国人大常委会第 24 次会议通过的《中华人民共和国水法》开始实施，为黄河用水、确保黄河工程安全提供了法律依据。菏泽黄河修防段采取各种形式对《中华人民共和国水法》进行认真学习和宣传。

菏泽黄河修防段部分单位和工程受上级表彰

1月23日　菏泽黄河修防处以［1988］菏黄办第25号文表彰先进单位、先进集体、优质工程及优秀工程。菏泽黄河修防段部分单位和工程受到表彰，工程管理、刘庄仓库、话务班、财务仓库被评为先进单位，刘庄险工14号～15号坝拆改工程被评为优质工程，刘庄险工、张闫楼控导、堤防分别被评为险工管理第四名、控导管理第三名、堤防管理第五名。

解凤英荣获山东河务局“三八红旗手”称号

3月　山东河务局授予菏泽黄河修防段职工解凤英“三八红旗手”荣誉称号。

皮殿卿晋升工程师

3月3日　菏泽黄河修防处以［1988］菏黄政字第14号文公布皮殿卿具备工程师任职资格。5月30日聘任其为菏泽黄河修防段工程师。

刘庄和贾庄险工拆改裹护

3月4日　菏泽黄河修防段刘庄险工16号、18号、31号坝拆改和贾庄险工14号、15号、16号坝裹护开工。该工程由工程队承包施工，完成石方3 700立方米（其中新增石2 280立方米，拆旧石1 420立方米），土方3 000立方米。10月1日，工程通过菏泽黄河修防处组织的竣工验收，合格率为95%。

菏泽黄河修防段完成植树任务

3月10日　菏泽黄河修防段植树绿化工程开工，由护堤专干组织护堤员和民工50余人参加，4月25日完工。共完成植树

25 376 棵，植条 30 亩，完成投资 0. 99 万元。

109 岁退休工人王新科领取护理费

3 月 24 日 菏泽黄河修防处以［1988］菏黄政第 7 号便函批复菏泽黄河修防段每月发给 109 岁退休工人王新科护理费 40. 50 元，从 1988 年 3 月起执行，至失去护理条件为止。

陈德坤、杨庆安检查黄河防汛工作

3 月 29 日 受国家防汛抗旱总指挥部委托，水利电力部水管司副司长陈德坤、黄河水利委员会副主任杨庆安等检查菏泽地区黄河防汛工作，察看刘庄险工。

防汛备石任务下达

4 月 19 日 菏泽黄河修防处以菏黄财［1988］12 号文和菏黄工发［1988］21 号文下达菏泽黄河修防段防汛备石计划 5 348 立方米。截至 12 月底，共运石 5 391 立方米，超计划完成备石任务。

刘庄险工、张闫楼控导土石方维修工程开工

5 月 4 日 菏泽黄河修防段、张闫楼控导补残土方工程开工。该工程共组织民工 15 人进行施工，25 日完工，完成控导工程补残土方 400 立方米。

5 月 25 日 ~8 月 4 日完成刘庄险工维修石方 273 立方米，张闫楼控导维修石方 242 立方米。控导石方工程由工程队承包施工。

8 月 1 ~23 日，完成刘庄险工维修土方 683 立方米。

三项工程总计完成石方 515 立方米，土方 1 083 立方米，投资 2. 52 万元，比原计划节余 0. 18 万元。

刘洪仁察看刘庄险工

5月21日　菏泽地区行署专员刘洪仁在沿黄县（市）主要负责人的陪同下，察看了黄河刘庄险工。

菏泽黄河修防段党支部获先进党支部称号

6月　中共菏泽地委授予菏泽黄河修防段党支部先进党支部称号。

菏泽市成立防汛抗旱指挥部

6月1日　菏泽市人民政府以菏政发［1988］22号文宣布成立新的市防汛抗旱指挥部，市长李明先任指挥长。下设黄河、内河、城市三个指挥分部，黄河防汛指挥分部指挥由李明先担任，副指挥由赵守增、司春雨、赵广祯、楚长庚、徐兴文担任，办公室设在黄河修防段，楚长庚、徐兴文分别兼任办公室正、副主任。

庄景林察看刘庄险工

6月14日　黄河水利委员会副主任庄景林等检查菏泽黄河防汛准备工作时，察看了菏泽黄河修防段刘庄险工。

刘庄险工根石加固工程开工

6月21日　菏泽黄河修防段刘庄险工汛前根石加固工程开工。为增收节支，菏泽黄河修防段领导动员全体职工，从段长到工人，按每人10立方米石方任务承包施工。工程于6月25日竣工。完成石方1 170立方米，完成投资5.09万元。

黄堤锥探灌浆工程开工

7 月 10 日 菏泽黄河修防段锥探灌浆工程开工，机关工作人员分组参加，施工地点在黄堤桩号 219+100~220+500。工程于 11 月 29 日竣工，共完成锥探 14 800 眼，灌入土方 900 立方米，完成投资 2.55 万元。

菏泽电厂建设资金筹集任务完成

7 月底 菏泽黄河修防段职工筹集菏泽电厂建设资金 14 600 元，完成了菏泽市人民政府分配的任务。

1988 年黄河伏秋大汛

7~8 月 黄河中游地区先后降大到暴雨，致使黄河出现了 8 次洪峰，其中 7 月出现的 4 次洪峰流量小、水位低，没有险情出现；8 月 9 日、12 日、17 日和 21 日，花园口水文站连续出现 6 400立方米每秒、6 300 立方米每秒、6 900 立方米每秒、6 620 立方米每秒 4 次洪峰，到达高村水文站分别为 5 150 立方米每秒、5 600 立方米每秒、6 550 立方米每秒、6 330 立方米每秒，刘庄险工水位分别为 60.47 米、60.63 米、60.63 米、60.60 米。刘庄险工由于受中常洪水长时间冲刷，14 号、15 号、16 号、18 号、23 号、20 号坝护岸相继出险 11 次，抢险用石方 1 104 立方米，铅丝 3 020 公斤，工日 600 个，投资 5.14 万元。

开展汛后工程整修工作

9 月 16 日 菏泽黄河修防段开展汛后工程整修工作，组织沿黄民工进行施工，共完成土方 5 450 立方米，完成投资 1.44 万元，节余资金 0.06 万元。

参加汛后河势查勘

10 月 10～12 日 黄河水利委员会组织河南、山东两河务局乘船查勘东坝头至路那里河段，菏泽黄河修防处副主任郝金之和各修防段有关人员参加了河势查勘。

菏泽黄河修防段堤防、刘庄险工达标

12 月 31 日 山东黄河河务局以黄管发［1988］63 号文公布，菏泽黄河修防段堤防、刘庄险工为 1988 年山东黄河工程管理达标工程。

刘庄引黄闸完成引黄放水与水费征收任务

是年 刘庄引黄闸共放水 37 433.4 万立方米，应收水费 21.29 万元，实收水费 21.50 万元，征收率首次达 100%。

1989 年

张良存任菏泽黄河修防段副段长

1 月 4 日 菏泽黄河修防处以菏黄政［1989］2 号文任命张良存为菏泽黄河修防段副段长，免去其鄄城黄河修防段副段长职务。

菏泽黄河修防段荣获工程管理先进单位称号

1 月 17 日 山东黄河河务局以黄管发［1989］2 号文表彰菏泽黄河修防段为 1988 年工程管理先进单位。

刘庄险工拆改荣获单项优质工程称号

1 月 22 日 菏泽黄河修防处以菏黄工发［1989］3 号文发布通知，表彰菏泽黄河修防段刘庄险工 16 号坝、18 号坝拆改工程为单项优质工程。

曹景山、万瑞峰职务任免

1 月 26 日 菏泽黄河修防段以菏黄字［1989］1 号文公布：曹景山任工程队队长，万瑞峰任刘庄闸管所所长，免去曹景山工管股股长职务。

解凤英荣获山东河务局“三八红旗手”称号

2 月 山东河务局黄河区工会授予解凤英“三八红旗手”

称号。

刘庄险工加高改建工程开工

3月9日　菏泽黄河修防段刘庄险工加高改建工程开工，8月14日竣工，完成土方120立方米，石方2 171立方米。其中新增石1 053立方米，旧石1 118立方米。投入工日1 020个，完成投资5.45万元。质量检查点次105个，合格率达98%。11月8日工程通过菏泽黄河修防处主持的竣工验收。

菏泽黄河修防段开展植树绿化

3月10日　菏泽黄河修防段植树绿化工程开工，4月10日完成。共植树1.31万株，植条1 400墩，植草2万平方米，完成投资1万元。

营造黄河防护林现场会在菏泽段召开

3月11日　菏泽地区行署、菏泽市人民政府在菏泽黄河修防段黄堤12号防汛屋附近召开营造黄河防护林现场会，菏泽地区行署领导和菏泽市委书记潘兴玺，副书记李永亮，副市长赵守增及李村中学1 000余名学生参加了现场会，并当场植树3 000余棵。

菏泽市人民政府召开滩区治理计划会

3月19日　菏泽市人民政府在菏泽黄河修防段召开滩区治理计划会，市委副书记李永亮，副市长赵守增，农村工作部部长赵广祯和沿黄乡（镇）书记、乡（镇）长，黄河修防段段长、工程师参加了会议。会议主要商定了1988～1990年黄河滩区建设规划和具体落实1988年施工计划等内容。

备防土牛储备工程开工

3 月 24 日　菏泽黄河修防段土牛储备工程开工，地点在黄堤桩号 219 +600 ~221 +000 段，由 50 名职工和 20 名民工施工，动用地排车 30 辆、拖拉机 4 辆，于 4 月 30 日竣工，完成土牛土方 3 574 立方米，占计划的 119%；完成投资 1.56 万元，工日 900 个。

张良存任菏泽黄河修防段党支部书记

3 月 29 日　中共菏泽市直属机关党委以菏直发［1989］6 号文公布张良存任菏泽黄河修防段党支部书记，侯同欣任副书记，刘守文、马松林、孙建华任委员。

刘庄险工根石加固工程开工

5 月 10 日　菏泽黄河修防段刘庄险工根石加固工程开工，共组织 65 名职工进行施工，5 月 25 日竣工，完成抛石 700 立方米，完成投资 3.08 万元。生产工日 300 个。

组织开展黄堤锥探灌浆

5 月 13 日　菏泽黄河修防段锥探灌浆工程开工，地点在黄堤桩号 217 +968 ~226 +220 处。工程由全体职工分组轮流参加施工，9 月 27 日竣工，完成锥探灌浆 18 020 眼，灌入土方 5 753 立方米，平均每眼灌入土方 0.32 立方米，最大单孔灌土量 2.2 立方米，实用工日 2 377 个，验收合格率达 96%；共完成投资 10.26 万元，11 月 8 日通过菏泽黄河修防处主持的竣工验收。

韩立起等察看菏泽黄河修防段抢险实战演习

5 月 14 日　菏泽黄河修防处工会主席韩立起，副主席杨玉柱，工程师刘德基、孙学太等来到菏泽黄河修防段，察看该段在刘庄险工 29 号 ~30 号坝间进行的抢险技术比武实战演习。演习中抢险队密切配合，协同作战，按要求完成了任务，受到了各级领导的好评。

菏泽市召开防汛会议

5 月 24 日　菏泽市防汛抗旱指挥部在市中宾馆召开防汛会议，市委副书记、市长郭仲生、副书记李永亮、副市长赵守增及市直 34 个科局负责人，各乡（镇）乡（镇）长、水管所所长参加了会议。郭仲生在讲话中强调：①克服麻痹思想，充分认识防汛工作的重要性。②明确防汛重点，抓好五个落实。③顾全大局，团结治水。④坚持防汛抗旱两手抓。菏泽黄河修防段副段长张良存介绍了黄河防汛意见和防御各类洪水的作战方案。

亢崇仁等检查工作

5 月 30 日　黄河水利委员会主任亢崇仁在山东黄河河务局局长齐兆庆等领导的陪同下，到菏泽黄河修防段检查工作，听取了楚长庚段长的工作汇报。

堤防裂缝处理工程开工

6 月 1 日　菏泽黄河修防段堤防裂缝处理工程开工，地点在 224 +000 ~224 +130、223 +600 ~223 +650 处。处理裂缝计长 180 米，由工程队职工 16 人施工，6 月 24 日竣工。完成土方 810 立方米（其中开挖 360 立方米，回填 450 立方米），生产工日 200 个，完成投资 1 600 元。

闫琢察看黄河防洪工程

6 月 22 日　山东防汛抗旱指挥部副指挥、山东省军区司令员闫琢在山东黄河河务局副局长陈效国的陪同下，到菏泽黄河修防段察看了黄河防洪工程，听取了楚长庚段长的工作汇报。

菏泽市公安局召开联防会

7 月 10 日 菏泽市公安局在菏泽黄河修防段召开联防会，沿黄李村、李庄和东银铁路、菏泽黄河修防段四个派出所有关人员参加了会议。市公安局先听取了各派出所的工作汇报，提出了防范措施，要求四所团结一致，共同惩治沿黄的不法分子，确保国家财产安全。

刘连铭检查防汛工作

7 月 12 日 原黄河水利委员会副主任刘连铭在菏泽黄河修防处领导陪同下，检查菏泽黄河修防段的防汛工作。

王玉柱等检查防汛模拟演习

7 月 16 日 菏泽地区行署专员王玉柱，副专员闫世海和菏泽市市长郭仲生到菏泽黄河修防段检查防汛模拟演习。

三号吸泥船遭暴风雨沉没

7 月 17 日 菏泽黄河修防段三号吸泥船在鄄城黄河修防段营坊险工 21 号~22 号坝间遭暴风雨袭击而沉船。事发后，菏泽黄河修防处主要领导立即组织菏泽、东明、鄄城、郓城黄河修防段技术人员和职工进行打捞，奋战八昼夜，终因设备不力和黄河洪峰到来而打捞未果，致使三号吸泥船沉没。8 月 4 日，菏泽黄河修防处《关于菏泽黄河修防段沉船情况调查报告》上报山东黄河河务局。

刘洪仁等检查黄河防汛工作

7 月 25 日　菏泽地委书记刘洪仁、副书记丁宗山、行署副专员闫世海、军分区顾问孙念敬等到菏泽黄河修防段检查黄河防汛工作。

陈效国等察看堤防、险工等工程

7 月 26 日　山东黄河河务局副局长陈效国带领山东河务局各修防处分管工程管理工作的主任、工管科科长，到菏泽黄河修防段察看堤防、险工、控导和涵闸等工程。

营坊险工机淤固堤

7 月　菏泽黄河修防段三号吸泥船从 1986 年 4 月至 1989 年 7 月在鄄城黄河修防段营坊险工机淤固堤工程中，抽沙土方 34.672 万立方米，超额完成了菏泽黄河修防处下达的 31.49 万立方米的任务。

1989 年伏秋大汛

7 月 27 日～9 月 10 日　黄河花园口水文站出现两次洪峰，最大流量6 666立方米每秒，刘庄险工 12 号、13 号、14 号坝由于冲刷严重，根石走失，相继出险 4 次，菏泽黄河修防段及时组织职工抢护，有效地控制了险情。4 次抢险共动用石方 299 立方米，铅丝 705 公斤，工日 175 个。

菏泽黄河修防段制定因病治疗期间工资发放办法

8 月 31 日　菏泽黄河修防段制定并发布了《菏泽黄河修防段职工因病或非工负伤停工治疗期间工资发放办法》，本办法从 1989 年 5 月 1 日起执行。

刘庄通信楼开工建设

10 月 30 日　菏泽黄河修防段刘庄通信楼工程建设工程开工。该工程由黄河水利委员会通信总站拨款 13 万元，两层 12 间，建筑面积 322 平方米；附属铁塔一座，高 59 米。由菏泽建筑公司承包施工，1990 年 6 月 25 日完成主体工程建设。竣工后配备 JSY200－6 型数字程控交换机和 DMR－300 型郑济微波等现代通信设备。

淤区人工包边盖顶土方工程开工

11 月 8 日　菏泽黄河修防段淤区盖顶土方工程开工。该项工程由修防段组织民工 240 人、地排车 205 辆、机动车 10 辆进行施工，于 12 月 17 日竣工。共完成土方 1.15 万立方米，完成投资 5.34 万元，工日 5 600 个。

刘庄引黄闸完成引黄供水及水费征收任务

是年　刘庄引黄闸完成引黄供水及水费征收任务，全年共放水 28 813.2 万立方米，应征收水费 19. 94 万元，实收水费 20 万元。

1990 年

张闫楼控导工程达标

1 月 5 日 山东黄河河务局以黄管发［1990］3 号文公布：菏泽黄河修防段张闫楼控导工程为 1989 年工程管理达标工程。

在职和离退休职工增调工资

1 月 22 日 根据国家机关事业单位工作人员 1989 年普调工资精神，经山东黄河河务局和菏泽黄河修防处批复，菏泽黄河修防段在职职工 141 人普调一级工资，月增资额 905 元；离退休职工 36 人，月增资额 317.10 元。均从 1989 年 10 月 1 日起执行。

高尚军任工管股股长

2 月 25 日 菏泽黄河修防段以菏黄发［1990］1 号文公布，高尚军任工管股股长。

菏泽黄河修防段荣获先进党支部称号

2 月 19 日 中共菏泽市直属机关委员会以菏直发［1990］4 号文通报，菏泽黄河修防段党支部为先进党支部。

第四届职工代表大会召开

3 月 2 日 菏泽黄河修防段召开第四届职工代表大会。大会议程一是听取段长楚长庚代表党组所作的工作报告，二是听取工会主席李培堂的民主管理工作报告，三是选举 24 名职工代表、产生 5 个专门工作小组。会前征集提案 125 条，归纳整理 47 条。

刘庄险工维修

3 月 4 日 菏泽黄河修防段刘庄险工 38 号～40 号坝维修粗排石方工程开工。该工程由工程队组织施工，于 6 月 25 日竣工。完成石方 1 648 立方米（其中新增石 234 立方米）、生产工日 830 个，完成投资 2.08 万元。

刘庄险工加高改建工程开工

3 月 10 日 菏泽黄河修防段险工加高改建工程开工。该工程由工程队组织 32 人分两批承包施工。3 月 10 日到 4 月 30 日完成第一批抛根石 702 立方米，11 月 25 日到 12 月 15 日完成第二批抛根石 936 立方米。整个工程共完成石方 1 638 立方米，投资 12.29 万元、工日 414 个。

开展堤防植树绿化

3 月 12 日 菏泽黄河修防段利用 3 月 12 日植树节，组织开展堤防绿化活动。参加活动的人员有学生 90 名、职工 20 人、护堤员 29 人和群众 50 人。活动进行了 3 周时间，到 4 月 1 日完成植树 4 715 棵，植草 20 000 平方米，完成投资 3 100 元。

土牛、盖顶、补残工程施工

3 月 15 日 菏泽黄河修防段土牛和大堤盖顶土方工程开工。该项工程由修防段组织附近民工施工并签订合同。土牛土方施工在 1～4 号防汛屋之间，于 6 月 4 日竣工，完成土方 3 145 立方米，投入人工工日 1 565 个，完成投资 1.83 万元，包干节余 0.15 万元。

大堤盖顶施工地点在黄堤桩号 219 + 000 ~ 205 + 500 处，均宽 6 米，自然厚度 0.3 米，工程于 8 月 14 日竣工，共完成土方 1.18 万立方米，完成投资 7.07 万元，投入工日 4 868 个，质量检查合格率 97%。

3 月初，雨毁工程补残土方开工，由护堤员及附近村民施工，12 月底完工，平垫水沟浪窝 1 920 处。完成土方 3 000 立方米，完成投资 1.5 万元、工日 1 000 个。

菏泽修防段制定《1990 年工程管理检查评比实施办法》

3 月 25 日 菏泽修防段制定了《1990 年工程管理检查评比实施办法》。本办法对工程管理目标、责任、标准、措施、奖惩、检查评分等作出了具体规定。

黄河大堤压力灌浆工程开工

5 月 4 日 菏泽黄河段压力灌浆工程开工，地点位于 226 + 220 ~ 232 + 861 处。工程由全体职工轮流施工，于 9 月 12 日竣工，共打锥灌浆 15 120 眼，灌入土方 4 617 立方米，完成投资 8 万元。

王勤学任菏泽黄河修防段副段长

5 月 10 日 菏泽黄河修防处以菏黄政发［1990］18 号文任命王勤学为菏泽黄河修防段副段长。

菏泽市成立防汛抗旱指挥部

6 月 4 日 中共菏泽市委以菏市普发［1990］15 号文公布，菏泽市防汛抗旱指挥部成立，市长郭仲生任指挥长，指挥部下设三个指挥分部。郭仲生任黄河防汛指挥分部指挥，楚长庚、张良存任副指挥并分别兼黄河防汛办公室正、副主任。

孟繁富等察看菏泽修防段堤防等防洪工程

6 月 12 日 菏泽军分区司令员孟繁富，政委马存益，副司令员杜昌荣、孙念敬等在菏泽黄河修防处主任姜西林陪同下，察看菏泽黄河修防段堤防工程、刘庄险工、张闫楼控导工程，菏泽黄河修防段段长楚长庚介绍了工程情况。

菏泽黄河修防段职工认购支援电厂建设资金

6 月 23 日 菏泽市人民政府菏政发［1990］28 号文《关于开展节约储蓄支援电厂建设的通知》，分配菏泽黄河修防段支援电厂建设资金 2.25 万元，全体职工按工资层次认购，如期完成了任务。

菏泽黄河修防段遭狂风暴雨袭击

6 月 29 日 17 时 15 分，菏泽黄河修防段遭狂风暴雨袭击，树木刮倒折断 757 棵，围墙倒塌 100 米，房屋倒塌 4 间，电线杆折断 2 根，院内照明线路全被刮断，堤防、险工，出现多处水沟浪窝，备防石垛倒塌严重。暴雨过后，段领导立即召开段务会议，研究修复措施，并组织全体职工奋战三天，修复被毁工程、设备，恢复正常工作。

刘庄险工完成汛前整修

7 月 2 日 为确保险工度汛安全，菏泽黄河修防段组织开展汛前工程整修。在刘庄险工 13 号～16 号坝动用备防石抛根 500 立方米，完成投资 2.23 万元（其中石料费 1.98 万元），实用工日 200 个。

王玉柱察看黄河度汛工程

7月3日　菏泽地区防汛抗旱指挥部指挥、行署专员王玉柱，在菏泽市和菏泽黄河修防处主要负责人陪同下，察看了菏泽黄河修防段黄河度汛工程。

菏泽黄河修防段危房改造工程开工

7月20日　菏泽黄河修防段危房改造工程开工。该工程由油楼建筑队承包施工，11月20日竣工。完成房屋换顶31间，拆建6间，完成投资2.24万元。

在职和离退休职工调整工资与补贴

8月31日　根据有关政策，菏泽黄河修防段作出决定，为136名在职职工调整工资，为36名离退休职工增加生活补贴，从1989年10月1日起执行。

刘庄引黄闸机架桥改建

10月19日　菏泽市刘庄引黄闸机架桥改建工程开工。刘庄引黄闸初建时桥面上只安装了一台QPQ2×40吨活动式启闭机，1980年经山东黄河河务局批准，在桥面上改建为三台固定式启闭机。因闸门不能提出桥面，维修困难，1990年经山东黄河河务局以黄工发［1990］50号文再次批准，对刘庄引黄闸启闭系统进行改建，增建机架桥。该工程由山东黄河勘测设计院设计，山东黄河河务局济南安装队施工，1991年1月3日竣工。完成混凝土及钢筋混凝土排架26.02立方米，钢结构梁板系桥面10.66立方米，同时完成了楼梯房、楼梯和栏杆等其他附属设施的修建，完成投资17.70万元。1991年1月5日，通过菏泽地区黄河河务局组织的竣工验收。

黄河大堤红土盖顶工程开工

11 月 12 日 菏泽市黄河河务局黄堤桩号 224+400~228+400 段大堤红土盖顶工程开工。该项工程由贾庄、兰口两村村民承包施工，签订承包合同，每天出工 54 人、地排车 50 辆、拖拉机 2 台，1991 年 5 月 27 日竣工，完成土方 8 500 立方米，实用工日 3 190 个，完成投资 4.68 万元。

菏泽黄河修防段更名

12 月 8 日 遵照黄河水利委员会黄人劳［1990］58 号和山东黄河河务局黄政发［1990］114 号文关于修防处、段更名升格的通知精神，菏泽黄河修防段更名为菏泽市黄河河务局，为副县级单位。1991 年 1 月 1 日正式挂牌。

楚长庚任菏泽市黄河河务局局长

12 月 17 日 山东黄河河务局黄政发［1990］115 号文任命楚长庚为菏泽市黄河河务局局长。

菏泽市黄河河务局会计工作达标

12 月 27 日 山东黄河河务局组织人员对菏泽市黄河河务局 1989 年会计达标工作逐项进行复核验收。验收结果为：总分 84.55 分，其中会计核算部分 44.05 分，符合会计达标标准，确认为 1989 年会计工作达标单位。

菏泽市黄河河务局机构设置

12 月 31 日 菏泽地区黄河河务局菏黄政发［1991］2 号文关于各县（市）黄河河务局所属机构设置的实施意见中规定，菏泽市黄河河务局机关设人秘科、工务科、财务科、综合经营科。科长配备：人秘科配1正2副，工务科配1正2副（其中一名科长兼任水政所副所长），其余科（室）均按1正1副配备。机关科（室）正职为副科级干部，副职为科员级干部。

大力开展增收节支活动

是年 菏泽黄河修防段大力开展增产节约、增收节支活动。主要开展发展养猪、面粉加工、拖拉机运石、汽车对内外有偿服务、现有设备租赁和代销服务等项目，年净收入4.05万元。

刘庄引黄闸完成引黄放水及水费征收任务

是年 菏泽黄河修防段刘庄引黄闸顺利完成全年引黄放水及水费征收任务，共放水27 744.8万立方米，应收水费25.93万元，实收水费25万元。

1991 年

王勤学任菏泽市黄河河务局副局长

1 月 3 日 菏泽地区黄河河务局以菏黄政发［1991］3 号、5 号文任命王勤学任菏泽市黄河河务局副局长（正科级），兼任菏泽市黄河水政监察所所长。

孙建华等任职通知

1 月 7 日 菏泽地区黄河河务局菏黄政发［1991］7 号文通知，因菏泽市黄河河务局所属机构更名升格，干部任职调整为：孙建华任人秘科科长，常思贤任工务科科长，周洪军任财务科科长，侯同欣任综合经营科科长。以上职务为副科级。

李培堂任正科级工会主席

1 月 9 日 中共菏泽地区黄河河务局党组以菏黄党发［1991］2 号文宣布李培堂为菏泽市黄河河务局工会主席，正科级。

菏泽市黄河河务局人秘科等印章启用

1 月 18 日 菏泽市黄河河务局下发菏秘发［1991］1 号文，启用菏泽市黄河河务局人秘科、菏泽市黄河河务局工务科、菏泽市黄河河务局综合经营科、菏泽市黄河河务局财务专章四枚印章。

《车辆使用管理办法》制定

2 月 菏泽市黄河河务局制定《车辆使用管理办法》，规定机动车辆由综合经营科管理，按用车收费标准收费，以增加综合经营收入。

工程队二班等获先进荣誉称号

2 月 8 日 山东黄河河务局黄河区工会以黄会字［1991］1 号文授予菏泽市黄河河务局工程队二班、多种经营组、机关食堂分别为先进班组、合格班组、先进食堂荣誉称号。

刘庄险工抛石固根工程开工

3 月 6 日 菏泽市黄河河务局刘庄险工护岸抛石固根工程开工，施工地点为 11 号坝、11 号 -1 坝、12 号坝、12 号 -1 坝、14 号坝、20 号 -1 坝和 21 坝。为确保工程质量，施工顺利，成立了以副局长为组长的 7 人领导小组，组织工程队 32 人承包施工。工程于 4 月 14 日竣工，完成抛石 1 468 立方米，投资 10.74 万元，实用工日 560 个，经领导组织验收合格。

菏泽市黄河河务局开展堤防植树绿化

3 月 6 日 菏泽市黄河河务局组织开展堤防植树绿化工作。该工作由护堤专职干部组织全体护堤员及村民 60 余人参加，4 月 20 日完成，共植树 6 620 棵，植草 2 万平方米，完成投资 0.54 万元。

滩区避水台土方工程开工

3 月 10 日 菏泽市黄河河务局滩区避水台土方工程开工。该工程由张闫楼、王盛屯村民 500 余人参与施工，于 12 月 8 日全部完工，共修筑村台 2 个计 36 890 平方米（其中张闫楼 1 个 16 510平方米，王盛屯 1 个 20 380 平方米）。

菏泽市黄河河务局水政监察机构名称公布

3 月 31 日 山东黄河河务局以鲁政发［1991］19 号文公布菏泽市黄河河务局水政监察机构名称，为“菏泽地区黄河河务局菏泽水政监察所”，配备 2～3 人（含水政监察所所长），5 月 31 日启用印章一枚。

备防土牛储备

4 月 8 日 菏泽市黄河河务局黄堤桩号 224＋000～228＋000 段土牛土方储备工程开工。组织附近民工施工，每天上工 18 人、地排车 15 辆。6 月 3 日竣工，完成土方 0.25 万立方米，备土牛 90 个，工日 612 个，完成投资 1.38 万元。

王勤学任菏泽市黄河河务局党支部书记

4 月 10 日 中共菏泽市直属机关委员会批准王勤学任中共菏泽市黄河河务局党支部书记，刘守文任副书记，周洪军、侯同欣、马松林任委员。

葛应轩到菏泽市黄河河务局考察

5 月 4 日 山东黄河河务局局长葛应轩在菏泽地区黄河河务局局长姜西林的陪同下，到菏泽市黄河河务局考察工作，就离退休职工的医药费报销、遗属安置和职工粮食补差问题提出了明确意见，并要求菏泽市黄河河务局充分发挥党组一班人的集体智慧，鼓足干劲，迈开步子，把多种经营搞上去，把工作干好。

参加汛前河势查勘

5月11～13日 黄河水利委员会组织山东、河南两河务局进行汛前河势查勘。菏泽市河务局派工程技术人员参加了所属河段的查勘。

菏泽地区黄河河务局下达防汛岁修事业费计划

5月13日 菏泽地区黄河河务局调整下达防汛岁修事业费计划。有关菏泽市河务局的工程有4项：①堤防雨毁工程恢复土方2 900立方米，投资4 900元。②刘庄险工眉子土和雨毁工程土方2 000立方米，投资8 800元。③控导工程雨毁土方1 500立方米，投资6 300元。④汛前工程整修计划抛根石300立方米（刘庄险工10号坝护岸），投资21 534元。上述四项工程由菏泽市黄河河务局工程队施工，到12月底全部完成。

王建功察看防洪工程

5月18日 山东省副省长王建功到菏泽市黄河河务局察看险工、引黄涵闸等防洪工程。

菏泽市河务局新购施工机械6部

6月1日 菏泽市黄河河务局从江苏泗阳购进5部铲运机、1部推土机，选派12名职工去鄄城学习驾驶技术。

菏泽市防汛抗旱指挥部成立

6月1日 中共菏泽市委菏市普发［1991］17号文公布，菏泽市防汛抗旱指挥部成立，市长郭仲生任指挥长，指挥部下设黄河、内河、城镇三个指挥分部。黄河防汛指挥分部指挥长由郭仲生担任，副指挥长由吴延印、司春雨、朱长进、楚长庚、王勤学担任。楚长庚兼任黄河防汛办公室主任，王勤学兼任副主任。

老干部报告团巡回演讲报告

6 月 28 日　工会主席杨玉柱带领菏泽地区黄河河务局老干部报告团，到菏泽市黄河河务局向全体职工做演讲报告，唐茂达、孟广正、常效飞、张学贤、光振伍从不同角度讲述了新中国成立前艰难困苦的治黄斗争历史，讴歌了人民治黄 45 年的伟大成就，使职工深受教育。

黄河大堤加高培厚工程开工

7 月 1 日　菏泽市黄河河务局大堤（黄堤桩号 231 + 850 ~ 232 + 861）帮宽加高工程开工。11 月 29 日竣工，共完成土方 10 万立方米，工日 3 867 个，完成投资 80.06 万元。质量检查点次 14 700 个，合格 14 112 个，合格率 96%。1993 年 1 月 10 日，该项工程通过了山东黄河河务局组织的竣工验收。

菏泽地区黄河河务局下达石料运输任务

7 月 12 日　菏泽地区黄河河务局以菏黄财发［1991］11 号文下达菏泽市黄河河务局 3 925 立方米石料运输任务，到年底全部完成。

菏泽市黄河河务局电话站更名

7 月 13 日　山东黄河河务局以黄政发［1991］38 号文对黄河通信机构进行更名和升格，菏泽市黄河河务局电话站更名为通信站，为股级职能部门。

首期滩区水利建设工程进行初步竣工验收

7 月 25 日　菏泽市 1988 ~ 1990 年首期滩区水利建设工程由

菏泽市黄河河务局和李村镇、李庄乡组成的验收组进行初步竣工验收，完成的工程项目有两项，分别为：①岔河头滩区引黄灌区。灌溉工程有渠首扬水站2座，节制闸3座，涵管便桥4座，过水斗门11座；干渠2条长2 832米，支渠10条长3 570米，新增灌溉面积3 200亩。排水工程有过水生产桥2座，配置排水机泵3套。新增排水能力0.8立方米每秒，排水面积1 300亩。②张闫楼滩区机井灌区：新打机井52眼（机泵配套），新增灌溉面积3 640亩。另有交通生产桥1座，生产路1.5公里。

上述工程共完成土方4.05万立方米，石方30立方米，混凝土17.61立方米，人工工日4.83万个。总投资49.91万元，其中国家投资24.88万元，地方投资25.03万元。验收后移交李村镇、李庄乡水管部门，并签订了工程移交协议。

公安派出所单列为副科级公安派出所

9月9日　山东黄河河务局以黄政发［1991］67号文通知，菏泽市黄河河务局公安派出所单列为副科级公安派出所。

开展专业技术人员考核工作

9月26日　遵照山东黄河河务局《关于认真做好专业技术人员考核工作的通知》精神，菏泽市黄河河务局专业人员考核领导小组对24名初级专业技术人员进行了认真考核，考核结果为：6名优秀，16名称职，2名基本称职。

刘朝选任菏泽市黄河河务局通信站站长

10月30日　菏泽地区黄河河务局以菏黄政发［1991］54号文，聘任刘朝选为菏泽市黄河河务局通信站站长。

楚长庚、万瑞峰受通报批评

11 月 16 日 中共菏泽地区黄河河务局党组下发菏黄党发［1991］12 号文，对刘庄引黄闸弄虚作假、瞒报引水量行为进行通报，菏泽市黄河河务局局长楚长庚和刘庄闸管所所长万瑞峰受到通报批评。从 10 月 18 日到 11 月 5 日 18 天的时间内，刘庄引黄闸少报引水量 3 294.5 万立方米。

边文田、楚长庚职务任免

11 月 30 日 山东黄河河务局以黄政发［1991］81 号文任命边文田为菏泽市黄河河务局局长。楚长庚为菏泽市黄河河务局调研员，免去其菏泽市黄河河务局局长职务。

菏泽市黄河河务局开展危房维修工作

11 月 30 日 根据菏泽地区黄河河务局菏黄工发［1991］27 号文下达菏泽市黄河河务局 2.55 万元危房建设资金及有关精神，菏泽市黄河河务局组织人员对本局危房进行维修建设。该工程由油楼村建筑队施工，第一期拆建家属院房 7 间 100 平方米、发电机房 2 间 30 平方米。第二期为危房房屋换顶 31 间 588 平方米（其中办公室 12 间，招待室 7 间，职工宿舍 12 间），完成全部计划投资。

刘庄引黄闸完成引黄放水和水费征收任务

是年 菏泽市黄河河务局刘庄引黄闸完成引黄放水及水费征收任务。全年共放水 23 503.2 万立方米，应收水费 44.86 万元，实收水费 41 万元。

1992 年

菏泽市黄河河务局机关食堂受表彰

1 月 14 日　山东黄河河务局黄河区工会以黄会发［1992］1 号文表彰菏泽市黄河河务局机关食堂为 1991 年度先进食堂。

菏泽市黄河河务局多项工作受表彰

1 月 22 日　菏泽地区黄河河务局下发菏黄办［1992］1 号文，对 1991 年工程管理等 14 个治黄先进集体和优质工程进行表彰。菏泽市黄河河务局获财务物资工作、安全工作、档案工作先进单位称号；刘庄险工管理获第一名；张闫楼控导管理获第二名；话务班被评为优秀话务班。

陈厚海、曹景山职务任免

2 月 14 日　菏泽地区黄河河务局以菏黄政发［1992］8 号文任命陈厚海为菏泽市黄河河务局机械施工队队长，曹景山不再担任工程队队长职务。

菏泽市黄河河务局召开治黄工作会议

2 月 14 日　菏泽市黄河河务局召开 1992 年治黄工作会议。会上，局长边文田传达了山东省黄河河务局、菏泽地区黄河河务局治黄工作会议精神和王建功副省长在全省治黄工作会议上的讲话，对 1992 年治黄工作提出了九条意见、三条措施。副局长王勤学代表党组作了 1991 年治黄工作总结；工会主席李培堂宣布了各项规章制度。会议还表彰了 1991 年度先进集体、先进个人和工会工作积极分子。

黄河大堤加高培厚工程开工

2 月 19 日 菏泽市黄河河务局大堤加高培厚工程开工。至 8 月 15 日完工时，共加高培厚长度 2 360 米（黄堤桩号 229 + 515 ~ 231 + 875）。工程设计标准为：堤顶高程按 1995 年设防水位超高 2.5 米，堤顶宽度平工段 9 米、险工段 11 米，临背河堤坡均为 1∶3。共完成土方 28 万立方米，总投资 212 万元。11 月 29 日通过山东河务局主持的竣工验收，评定为优质工程。

边文田任菏泽市黄河河务局党组书记

3 月 2 日 中共菏泽市委以菏市任［1992］10 号文任命边文田为菏泽市黄河河务局党组书记。

菏泽市黄河河务局党支部受表彰

3 月 5 日 中共菏泽市直属机关委员会以菏直发［1992］5 号文通报表彰菏泽市黄河河务局党支部为 1991 年度先进党支部。

解凤英荣获黄委会“三八红旗手”称号

3 月 5 日 黄河水利委员会黄河工会授予菏泽市黄河河务局职工解凤英“三八红旗手”称号。

菏泽市黄河河务局机械施工队更名

3 月 9 日 山东黄河河务局以黄政发［1992］32 号文公布，菏泽市黄河河务局机械施工队更名为菏泽市黄河河务局工程处，为副科级施工机构，设主任（副科级）、副主任各一名。

黄河职工增加工龄津贴

3 月 11 日　山东黄河河务局以黄政发［1992］18 号文转发国务院《关于调整机关事业单位工作人员工龄津贴标准》的通知。菏泽市黄河河务局 140 人增加工龄津贴，月增资额 1 236 元。离退休职工 38 人按本人离退休前的实际工龄计算工龄津贴，月增资额 991 元。从 1992 年 1 月起执行。

堤防植树绿化工程开工

3 月 12 日　菏泽市黄河河务局堤防植树绿化工程开工。本工程共组织护堤员 40 余人参与施工，6 月 5 日竣工，完成植树 5 040 棵（其中杨树 2 940 棵，槐树 2 100 棵），植草 2 万平方米及庭院美化，完成投资 1.28 万元。

马松林任工程队队长

4 月 23 日　菏泽地区黄河河务局以菏黄政发［1992］16 号文聘任马松林为工程队队长，聘期三年。

刘庄险工加高改建

5 月 24 日　菏泽市黄河河务局险工加高改建工程开工，5 月 31 日竣工，历时一周，完成抛石 252 立方米，投资 1.81 万元，工日 84 个，抛护长度 126 米。质量合格率 96.3%。12 月 25 日通过菏泽地区黄河河务局主持的竣工验收，验收认定为质量合格工程。

郭仲生等检查黄河防汛工作

7 月初　菏泽市市长郭仲生、副市长吴延印等领导检查黄河防汛工作。市长一行亲临黄河一线，对堤防、险工、涵闸进行了详细查勘，要求抓紧完成度汛工程，确保黄河安全度汛。

1992 年伏秋大汛

8 月 16 日 18 时，黄河花园口水文站出现 6 410 立方米每秒洪峰，19 日 4 时到达高村水文站，流量 4 100 立方米每秒，刘庄险工水位 61.13 米，岔河头滩偎堤，平均水深 1.8 米，淹滩地 4 700 亩。张闫楼出槽漫滩，淹地 9 700 亩，平均水深 0.5 米。经济损失共达 458 万元。水落后上滩积水 250 万立方米，影响种麦 1 800 余亩。

陈厚海录用为聘用制干部

9 月 20 日 菏泽地区黄河河务局转发山东黄河河务局［1991］黄政干字第 28 号函，陈厚海录用为聘用制干部。

楚长庚晋升工程师

9 月 20 日 菏泽地区黄河河务局以菏黄职改发［1992］5 号文公布，楚长庚具备工程师任职资格。10 月 30 日，聘任楚长庚为菏泽市黄河河务局工程师。

菏泽市黄河河务局新购施工机械 5 部

10 月 菏泽市黄河河务局购铲运机 4 部、推土机 1 台，工程处的铲运机增加到 9 部，推土机 2 台。

菏泽市黄河河务局机关食堂受表彰

10 月 菏泽市黄河河务局机关食堂在全河职工后勤生活竞赛活动中，被黄河水利委员会黄河工会授予先进职工食堂荣誉称号。

档案移交工作

11 月 19 日　菏泽市黄河河务局向黄河水利委员会档案馆移交 1949～1966 年档案 208 卷。其中文书档案 55 卷，技术档案 153 卷，签订了暂缓进馆协定书。

刘庄险工汛前整修

11 月　菏泽地区黄河河务局下达菏泽市黄河河务局工程整修计划石方 968 立方米，投资 0.48 万元。菏泽市黄河河务局组织工程队人员对刘庄险工 22 号～26 号坝进行根石加固，动用备防石 968 立方米，实用工日 323 个，完成投资 4.56 万元，其中石料费 4.08 万元。

菏泽市黄河河务局档案工作获先进单位称号

12 月 20 日　山东省档案局授予菏泽市黄河河务局档案工作省级先进单位称号。

菏泽市黄河河务局获档案管理三级合格证

12 月 26 日　山东黄河河务局颁发菏泽市黄河河务局黄河系统档案管理三级合格证。

黄河职工增加职务补贴

12 月 30 日　经山东黄河河务局批准，菏泽市黄河河务局职工 139 人增发职务（岗位）补贴，月增资额 2 914 元。离退休人员按离退前实际职务或岗位增加生活补贴。从 1992 年 12 月起执行。

刘庄引黄闸完成引黄放水与水费征收工作

是年 菏泽市黄河河务局刘庄引黄闸完成引黄放水和水费征收工作。全年共放水 25 284 万立方米，应征收水费 57.93 万元，实收水费 50 万元。

完成以工代赈零星土方工程建设

是年 菏泽市黄河河务局完成以工代赈零星土方 2 万立方米（修作土牛 3 000 立方米，平垫水沟浪窝 5 000 立方米，堤身、辅道、淤区补残 12 000 立方米），投资 14 万元，工日 12 486 个。12 月 15 日通过菏泽地区黄河河务局竣工验收，工程质量合格。

完成以工代赈滩区村台土方建设

是年 菏泽黄河河务局共完成以工代赈滩区村台土方 14 万立方米，完成投资 21 万元。

1993 年

菏泽市黄河河务局印发《土、石方施工管理办法》

1 月 6 日 菏泽市黄河河务局印发《土、石方施工管理办法》，使土、石方施工走向规范化管理。

菏泽市黄河河务局受嘉奖

1 月 16 日 菏泽地区黄河河务局以菏黄政发［1993］1 号、2 号文发布嘉奖令，授予菏泽市黄河河务局治黄工作先进单位称号。边文田获一等奖，王勤学获三等奖，并颁发局长奖励基金。

菏泽市黄河河务局多项工作受表彰

1 月 16 日 菏泽地区黄河河务局以菏黄办发［1993］1 号文表彰菏泽市黄河河务局为 1992 年财务管理、综合经营、档案管理、党风党纪先进单位，话务班和外线班分别为优秀话务班和优秀外线班，刘庄险工、张闫楼控导管理分别为第三名。

菏泽市黄河河务局受省河务局表彰

1 月 28 日 山东黄河河务局以黄办发［1993］3 号文通报表彰菏泽市黄河河务局为 1992 年综合经营先进单位，王勤修为防汛工作先进个人。

周洪军任菏泽市黄河河务局工会主席

2 月 1 日 中共菏泽地区黄河河务局党组以菏黄党发［1993］1 号文公布周洪军任菏泽市黄河河务局工会主席（正科级），孙建华任副主席（副科级）。

陈厚海任菏泽市黄河河务局工程处主任

2 月 1 日 菏泽地区黄河河务局以菏黄政发［1993］4 号文公布陈厚海任菏泽市黄河河务局工程处主任。

刘守文、孙建华等职务任免

2 月 1 日 菏泽地区黄河河务局以菏黄政发［1993］6 号文通知，刘守文任人秘科科长，贺进山任财务科科长，李效堂任派出所所长，以上任职期间为副科级；免去孙建华人秘科科长职务。

菏泽市黄河河务局党支部荣获先进党支部称号

2 月 3 日 中共菏泽市直属机关委员会以菏直发［1993］2 号文表彰菏泽市黄河河务局党支部为 1992 年度先进党支部。

菏泽市黄河河务局召开治黄工作会议

2 月 3 日 菏泽市黄河河务局治黄会议召开。副局长王勤学作了 1992 年治黄工作总结，宣布了职代会通过的各项规章制度。边文田局长传达了省、地黄河河务局治黄工作会议精神，布置了 1993 年的工作。会议表彰了 1992 年度的先进集体、先进个人和工会工作积极分子。

菏泽市黄河河务局工程处更名

2 月 5 日 山东黄河河务局以黄政发［1993］19 号文通知，菏泽市黄河河务局工程处建制名称为山东黄河工程开发有限总公司菏泽第二工程处，业务归山东黄河工程开发有限总公司领导，印章由总公司制发。

菏泽市黄河河务局工会委员会受表彰

2 月 8 日 山东黄河区工委以黄工会发［1993］1 号文通报表彰菏泽市黄河河务局工会委员会为继续保持先进职工之家称号的单位。

菏泽黄河大堤实施加高帮宽

2 月 8 日 菏泽市黄河大堤（黄堤桩号 228 + 120 ~ 229 + 515）加高帮宽工程开工，5 月 25 日竣工。完成土方 20 万立方米，投资 136.25 万元，工日 4 540 个。累计质量检查点次 32 358 个，合格点次 31 871 个，合格率 98.5%。11 月 29 日，工程通过山东黄河河务局主持的竣工验收，被评为全优工程。

黄河滩区村台建设

2 月 10 日 菏泽市黄河河务局以工代赈滩区村台土方工程开工，截至年底，共完成土方 14.7 万立方米，完成投资 18.91 万元。

刘庄险工实施根石加固

2 月 14 日 菏泽市黄河河务局刘庄险工 20 号 ~25 号坝根石加固工程开工，4 月 5 日完成。完成投资共 4.26 万元，工日 200 个。9 月 23 日通过菏泽地区黄河河务局主持的竣工验收，检查点次 62 个，合格点次 59 个，合格率 95. 2%。

菏泽市黄河河务局档案管理受表彰

2 月 17 日 山东黄河河务局以黄办发［1993］8 号文通报表彰菏泽市黄河河务局档案管理为先进单位。

机械施工队二班获先进班组称号

2 月 20 日 山东黄河河务局、山东黄河区工委以黄工会［1993］1 号文表彰菏泽市黄河河务局机械施工队二班为 1992 年度先进班组。

康月梅获山东黄河河务局“三八红旗手”称号

2 月 27 日 山东黄河区工委以黄工会［1993］3 号文授予康月梅“三八红旗手”称号。

李培堂受表彰

3 月 1 日 山东黄河区工委以黄工会发［1993］5 号文表彰李培堂为优秀工会工作者。

菏泽市黄河河务局开展植树绿化美化工作

3 月 5 日 菏泽市黄河河务局植树绿化美化工程开工，到 4 月 10 日，完成植树 7 410 棵（其中杨树 6 300 棵，槐树 1 110 棵)，投资 0. 99 万元，成活率达 95%。5 月 2 ~20 日完成植草 2 万平方米。另外，组织机关职工对庭院进行绿化、美化，共植毛白杨 250 棵、雪松 8 棵、龙爪槐 15 棵、冬青 430 墩、葡萄 69 棵等，计完成投资 1. 49 万元。

离退休职工调资

3月11日 山东黄河河务局批准菏泽市黄河河务局离退休职工38人调资，月增资额991元，从1992年1月起补发。

成立清产核资领导小组

3月29日 菏泽市黄河河务局成立清产核资领导小组，组长边文田担任，副组长为刘守文、贺进山、程再军。根据制订的实施方案，计划在6月底全面完成清产核资工作。

菏泽市水利局获准修建引黄橡胶坝管理所

4月2日 山东黄河河务局以黄管发［1993］9号文批准菏泽市水利局在刘庄险工16号坝修建引黄橡胶坝管理所及附属设施，面积不得超过631平方米。

菏泽市黄河河务局召开第五届职工代表大会

4月10日 菏泽市黄河河务局第五届职工代表大会暨第五届工会会员大会召开。菏泽地区黄河河务局工会主席杨玉柱、副主席亓正华、菏泽市总工会主席李继纯、副主席刘洪到会祝贺并作重要讲话。会议审议了周洪军代表第四届工会委员会作的工作报告、边文田作的治黄工作报告、贺进山作的财务工作报告，选举27人组成了第五届职代会，选举产生了第五届工会委员会、工会主席、副主席以及经费审查委员会。

周洪军任中共菏泽市黄河河务局党组成员

4月12日 中共菏泽市委以菏市任［1993］77号文通知周洪军任中共菏泽市黄河河务局党组成员。李培堂不再担任党组成员职务。

菏泽市防汛抗旱指挥部成立

5 月 29 日 中共菏泽市委菏市普发［1993］7 号文通知菏泽市防汛抗旱指挥部成立，贾学英任指挥长。下设三个指挥分部，黄河防汛指挥分部指挥长为贾学英，副指挥长有边文田等 5 人。边文田、王勤学分别兼黄河防汛办公室正、副主任。

李善润等察看刘庄险工

6 月 18 日 山东黄河河务局局长李善润、纪检组长刘荣绥等，察看刘庄险工、刘庄闸，并听取了菏泽市黄河河务局关于防汛准备和综合经营工作的汇报。

郑济线路电线被盗

7 月 2 日 凌晨 1 时，菏泽地区黄河河务局通信站测试台通知，郑济线路菏泽下界发生中断，经查郑济线杆号 4555～4558 处被盗割铁线 1 100 米、铜线 200 米，致使电话通信中断近 5 小时。为防止再发生类似案件，菏泽市黄河河务局成立了通信线路防护领导小组，建立通信线路防护巡逻制度（每晚 6 人 1 部车），下发了关于进一步加强黄河通信线路防护的通知。

菏泽市 34 个科、局认领黄河防汛责任段

7 月 27 日 菏泽市副市长吴延印带领市直 34 个科、局主要负责人认领黄河防汛责任段，了解工程情况及各类洪水抢护方案。

花园口出现一号洪峰

8 月 7 日 黄河花园口出现一号洪峰，花园口水文站洪峰流量 4 120 立方米每秒，到达高村水文站流量 3 420 立方米每秒，

刘庄险工水位 61.04 米，刘庄险工 11 号、12 号、13 号坝前根石局部走失。抢险动用石料 99 立方米。部分滩区漫水，被淹庄稼 1 000 余亩。

菏泽地区黄河河务局表彰先进集体和个人

8 月 10 日　中共菏泽地区黄河河务局党组以菏黄党发［1993］8 号文表彰先进集体和个人。菏泽市黄河河务局、菏泽市黄河河务局工程处和综合经营科科长侯同欣分别获得表彰。

菏泽市黄河河务局工程处施工人员在汛前黄河大堤加高培厚工程中，加班加点，提前完成 20 万立方米黄堤加培土方任务；6 月 4 日麦收大忙时，接到赴东明大桥施工的命令后，放弃收麦，立即开赴工地，被誉为“特别能战斗的施工队”。

综合经营科长侯同欣带着初发“出血热”的疾病，坚持参加收割淤区小麦，被称为可亲可敬的“老黄牛”。

菏泽市黄河河务局发扬艰苦奋斗、勤俭治河的光荣传统，组织干部参加义务劳动，组织机关管理人员维修房顶 4 间，预制下水道水泥盖板 766 块，开挖砌垒下水道 400 多米，垒院墙 15 米，共用工日 1 680 个，节约资金近8 000元。

参加汛后河势查勘

10 月中旬　黄河水利委员会组织河南、山东两黄河河务局进行汛后河势查勘，菏泽市黄河河务局有关人员参加了所辖河段的查勘。查勘期间高村水文站流量 660 ~ 770 立方米每秒，刘庄险工河势上提。

菏泽市黄河河务局新购汽车和挖掘机各一部

10 月 24 日　菏泽地区黄河河务局以菏黄工发［1993］20 号文下达菏泽市黄河河务局以工代赈设备购置款 62 万元，新购太脱拉运输汽车、挖掘机各一部。

菏泽市黄河河务局完成补残土方工程

10 月 24 日 菏泽市黄河河务局组织护堤员、职工及部分民工，完成平垫水沟浪窝补残土方 4 000 立方米，工日 1 450 个，完成投资 3.6 万元。

菏泽市黄河河务局获物资管理工作达标单位称号

10 月 山东黄河河务局授予菏泽市黄河河务局黄河水利委员会物资工作达标单位称号。

刘庄引黄闸左孔闸门吊耳修复

12 月 5 日 菏泽市黄河河务局刘庄引黄闸左孔闸门吊耳损坏，12 月 7～27 日河务局组织职工修筑闸前围堰，进行闸室排水、清淤，为修复工作做好了准备。1994 年 1 月 7～30 日，由山东黄河梁山工程处对闸门进行修复，确保了及时放水。

菏泽市黄河河务局职工享受浮动工资

12 月 10 日 山东黄河河务局，批准菏泽市黄河河务局 110 名职工享受浮动工资，月增工资额 863 元，从 1993 年 7 月起执行。

菏泽市黄河河务局艰苦创业事迹被报道

12 月 20 日 中共菏泽市直属机关党委 1993 年党建动态第八期全面报道了菏泽市黄河河务局艰苦创业、开创治黄工作新局面的事迹。

刘庄险工完成维修

是年　菏泽市黄河河务局刘庄险工 11 号～14 号坝及 13 号坝护岸维修工作完成。该工程由工程队 18 人承担施工，共完成抛石固根工程石方 468 立方米，投资 3. 3 万元，用工日 156 个。

完成堤防土方工程施工

是年　菏泽市黄河河务局组织护堤员及民工完成堤防土方工程的施工任务，完成堤身补残土方 2 000 立方米、辅道补残土方 1 200 立方米、土牛土方 1 800 立方米，共计完成土方 5 000 立方米，实用工日 1 300 个。完成投资 2. 95 万元。

考勤费发放

是年　依据山东黄河河务局［1988］99 号文件精神，菏泽市黄河河务局 1993 年发放考勤费总金额 7 742 元。

综合经营工作成效显著

是年　菏泽市黄河河务局综合经营工作取得显著成效，完成总产值 304. 5 万元，实现利润 43 万元。

刘庄引黄闸完成引黄放水与水费征收任务

是年　菏泽市黄河河务局刘庄引黄闸完成引黄放水任务，全年共放水 17 991. 3 万立方米，应征收水费 43. 64 万元，实现了全额征收。

1994 年

菏泽市黄河河务局获先进集体称号

1 月 10 日 山东黄河河务局、山东区工委以黄会发［1994］1 号文授予菏泽市黄河河务局先进集体称号。

工程队二班受省河务局表彰

1 月 17 日 山东黄河河务局黄河区工会以黄会发［1994］2 号文表彰菏泽市黄河河务局工程队二班为 1993 年度先进班组。

菏泽市河务局在省局治黄工作会议上作典型发言

1 月 19 日 在山东黄河河务局 1994 年治黄工作会议上，菏泽市黄河河务局作了《依靠机械闯市场，走出黄河搞创收》的典型发言。

菏泽市黄河河务局获目标管理先进单位称号

1 月 24 日 菏泽地区黄河河务局以菏黄政发［1994］1、2 号文发布 1、2 号嘉奖令，授予菏泽市黄河河务局目标管理先进单位称号。边文田获一等奖，荣获局长奖励基金。

菏泽市黄河河务局多项工作受表彰

1 月 24 日 菏泽地区黄河河务局以菏黄办发［1994］1 号文表彰菏泽市黄河河务局综合经管、财务管理为先进单位，通信站话务班为优秀话务班，大堤加培工程为优质工程，刘庄险工、张闫楼控导工程、一队堤防工程为优秀工程。

菏泽市河务局在地区河务局治黄工作会议上作典型发言

1月26日　在菏泽地区黄河河务局1994年治黄工作会议上，菏泽市黄河河务局作了《抓住机遇，振奋精神，开创治黄工作新局面》,《加强干部队伍建设，促进治黄工作开展》和《我们是如何团结拼搏，争创一流工程》的典型发言。

马松林荣获黄河水利委员会劳动模范称号

1月27日　黄河工会以黄办［1994］2号文公布，马松林为黄河水利委员会劳动模范。

开展黄河滩区村台建设

2月16日　菏泽市滩区村台土方工程开工，由张楼、闫楼、王盛屯三村村民施工。工程于4月5日竣工，完成土方11.30万立方米，工日2.6万个，完成以工代赈投资15.70万元。

黄河大堤加高培厚工程开工

2月20日　菏泽市黄河河务局黄堤（桩号226+635~228+120）加高培厚土方工程开工。工程由本工程处承担施工，5月20日竣工。完成土方20万立方米，完成投资152万元，合格率98.2%。12月8日通过山东河务局主持的竣工验收，1995年1月18日被山东黄河河务局公布为全优工程。

菏泽市黄河河务局开展堤防绿化

3月16日　菏泽市黄河河务局堤防植树绿化工程开工，到4月4日，完成植杨树3 700棵、柳杆525棵；从5月1日到6月8

日植草 1.5 万平方米。合计用工 570 个，完成投资 0.91 万元。

马松林等具备优秀技术工人任职资格

3 月 31 日 菏泽地区黄河河务局以菏黄政发［1994］12 号文确认菏泽市黄河河务局优秀技术工人任职资格名单，修防工马松林、李运生、油永思、侯凤兰；内燃机操作与检修工郑军、左海进；汽车驾驶与维修工邵养民；通信工王东成；电工贺宝元。任职资格时间从 1994 年 1 月算起。

菏泽市黄河河务局组织全体职工捐款助人

4 月 8 日 菏泽市黄河河务局职工刘守平女儿患严重心脏病，急需去北京医院做移植手术，经济实在困难。河务局组织全局职工奉献爱心，为其捐款1 635元。

张九成荣获菏泽地区劳动模范称号

4 月 29 日 在菏泽地区召开的表模大会上，张九成荣获菏泽地区劳动模范称号。

菏泽市成立防汛抗旱指挥部

5 月 25 日 中共菏泽市委以菏市普发［1994］23 号文通知菏泽市防汛抗旱指挥部成立。市长贾学英任指挥长。指挥部下设三个指挥分部，其中黄河防汛指挥分部指挥长为贾学英，副指挥长为吴延印、司春雨、马令轩、边文田、王勤学、马西勇。边文田兼黄河防汛办公室主任，王勤学兼黄河防汛办公室副主任。

孙进珊等检查菏泽市黄河防汛工作

6 月 15 日 菏泽军分区司令员孙进珊、政委林长凯在菏泽市副市长吴延印等陪同下，检查菏泽市黄河防汛准备情况，并对黄河常备防汛料物进行了检查。

菏泽市黄河防汛指挥分部召开黄河防汛基干班培训会

6月22日　菏泽市黄河防汛指挥分部在李村镇召开黄河防汛基干班培训动员会。指挥部副指挥长司春雨、李村镇黄河防汛指挥部全体人员及各村委会主任、民兵连长、基干班长，共计220余人参加了会议。司春雨作防汛动员报告，菏泽市黄河河务局副局长王勤学传达了1994年黄河防汛意见和防洪方案。会议还利用放录像、授课等形式，对参会人员进行了防汛抢险技术的介绍和普及。

菏泽市黄河河务局参与长江三峡工程施工

6月　菏泽市黄河河务局筹集资金98万元，购进D85大型推土机一部和泥浆泵一套，参与长江三峡工程施工。

在职职工和离退休人员调整工资

7月4日　山东黄河河务局批准菏泽市黄河河务局1993年套改新工资标准增资方案和离退休人员增加离退休费方案。据该方案，在职职工141人，月增资额23 558元；离退休职工39人，月增资额6 628.7元，从1993年10月1日起执行。

刘庄险工改建和零星工程通过验收

7月26日　菏泽地区黄河河务局对菏泽市黄河河务局险工改建和零星土方工程进行验收。

刘庄险工根石加固石方工程由工程队承包施工，3月16日开工，5月17日竣工，完成石方819立方米。完成投资6.34万元，工日237个。土牛土方工程由本局组织民工施工，3月16日开工，4月24日竣工，完成土牛土方0.2万立方米。完成投资 1.5 万元，工日 612 个。

经验收，两项工程均被认定为质量合格工程。

二期滩区水利建设工程通过菏泽地区河务局验收

11 月 12 日 以杨庆环为组长的菏泽地区黄河河务局验收组对菏泽市 1991～1993 年二期滩区水利建设工程进行了验收。

菏泽市二期滩区水利建设工程由菏泽市黄河河务局安排李村、李庄两乡镇按承包协议施工。1992 年 10 月开工，1994 年 10 月全部完成，新打机井 52 眼（李村 12 眼，李庄 40 眼），完成投资 48.47 万元（其中国家投资 23.99 万元，省配套投资 15 万元，市配套投资 6.25 万元，乡配套投资 3.23 万元），通过了市、地、省三级组织的竣工验收。

二期滩区水利建设工程通过山东河务局验收

11 月 25 日 以姜西林为组长的山东黄河河务局审验组，对菏泽市 1991～1993 年二期滩区水利建设工程进行了验收。

刘庄引黄闸工程管理达标

12 月 22 日 山东黄河河务局以鲁黄管发［1994］41 号文公布刘庄引黄闸为工程管理达标工程，并颁发达标合格证。

雨毁工程修复

是年 由于 7、8 两月连降大雨，工程被雨水严重冲毁，为保证工程完整，菏泽市黄河河务局动员全体职工、管护人员，对堤防险工控导等雨毁工程进行了修复，共完成土方 0.68 万立方米，投资 6.10 万元。

1994 年综合经营利润显著

是年　菏泽市黄河河务局 1994 年综合经营成效显著，完成总产值 209.2 万元，净利润 58.8 万元。主要项目：机械施工，完成本局黄堤加培和承包东明黄河大桥及陵县水库土方工程，创产值 200.2 万元，利润 53.10 万元；淤区种植、养鸡、养蚕、汽车有偿服务和其他收入，创产值 9 万元，利润 5.7 万元。

刘庄引黄闸完成引黄放水与水费征收任务

是年　菏泽市黄河河务局刘庄引黄闸完成引黄放水与水费征收任务，全年共放水 25 226.6 万立方米，应征收水费 63.47 万元，实收水费 53.76 万元。

1995 年

菏泽市河务局多项工作受表彰

1 月 18 日 菏泽地区黄河河务局以菏黄办发［1995］1 号文，对上年度取得优异成绩的单位进行表彰，菏泽市黄河河务局荣获 1994 年度综合经营、思想政治工作、工会工作、通信工作先进单位称号。

菏泽市河务局获 1994 年度目标管理先进单位称号

1 月 18 日 菏泽地区黄河河务局以菏黄政发［1995］1 号、2 号文颁发嘉奖令，授予菏泽市黄河河务局 1994 年度目标管理先进单位称号；授予边文田一等奖，并颁发局长奖励基金。

菏泽市河务局获 1994 年度通信工作先进单位称号

1 月 18 日 山东黄河河务局以鲁黄办发［1995］1 号文表彰菏泽市黄河河务局为 1994 年度通信工作先进单位。

张九成获山东黄河职工职业道德标兵称号

2 月 6 日 山东黄河河务局、山东区工会以鲁黄会发［1995］1 号文，授予张九成山东黄河职工职业道德标兵称号。

解凤英获先进女职工工作者称号

2 月 26 日 黄河山东区工会以鲁黄工会发［1995］2 号文

授予解风英先进女职工工作者称号。

梁灿、边文田职务任免

3月31日 山东黄河河务局以鲁黄政发［1995］39号文任命梁灿为菏泽市黄河河务局局长，同时免去边文田菏泽市黄河河务局局长职务。

张九成获山东省劳动模范称号

4月 山东省人民政府颁布嘉奖令，授予菏泽市黄河河务局张九成山东省劳动模范称号。

吴延印到菏泽市黄河河务局指导工作

5月8日 菏泽市副市长吴延印到市黄河河务局检查指导工作，对市防汛会议筹备、引黄供水工作进行安排部署。

吴延印召开会议研究防汛会议准备工作

5月11日 菏泽市副市长吴延印主持召开由市黄河河务局、水利局、建委负责人参加的会议，专门研究防汛抗旱会议的准备工作。

1995年黄河防洪方案制订

5月12日 菏泽市防汛抗旱指挥部制订1995年黄河防洪方案，对花园口水文站发生各级洪水和特大洪水时的水情、工情进行分析预测，并制定了防御措施。

菏泽市召开防汛抗旱工作会议

5月31日 菏泽市召开防汛抗旱工作会议。市防汛指挥部指挥长、市长杨永昌在会上作了黄河、内河防汛动员报告，指挥部副指挥长、市黄河河务局局长梁灿就如何做好黄河防汛工作进行了部署。会后，杨永昌市长与28个乡（镇）签订了黄河防汛责任书。

黄河兴利公司车队财产有偿移交

5 月 菏泽地区黄河兴利公司大车队被撤销，将车队全部车辆（太脱拉运输车4部、客货两用车一部）、施工机械（挖掘机、装载机各一部）及其器材、维修工具和办公桌椅一套，有偿142万元移交菏泽市黄河河务局。

刘守文被聘为特邀纪检监察员

6 月 20 日 中共菏泽地区黄河河务局党组以菏黄党发［1995］10号文首次在系统内聘任特邀纪检监察员，菏泽市河务局刘守文被聘任。

菏泽地区黄河河务局组织抢险拉练演习

7 月 5 日 菏泽地区黄河河务局组织抢险拉练演习，菏泽市黄河河务局机动抢险队应召赶赴鄄城河务局苏泗庄险工2号坝参加抢险技术比武和理论竞赛，并荣获理论比赛第一名。

黄河断流

7 月 7～17 日 高村水文站以下黄河河道出现断流，断流时间11天。

黄河工程用地确权发证工作开始

7 月 16 日 遵照菏泽地区土地管理局和菏泽地区黄河河务局联合下发的《关于认真做好黄河工程用地确权登记发证工作的通知》精神，在市确权工作小组的领导下，菏泽市黄河河务局开始对黄河大堤等15宗地的权属问题进行确权。

菏泽市河务局机构设置及人员编制方案获得批准

8月1日 菏泽地区黄河河务局以菏黄政发［1995］26号文审核批准菏泽市黄河河务局职能配置、机构设置及人员编制方案。根据方案，局机关机构设办公室、人事劳动科、工务科、财务经营管理科、水政水资源科（与派出所合署办公）、工会等部门，均为正科级单位。事业单位机构设刘庄河务段（正科级），刘庄引黄闸管理所（副科级）。内部企业管理单位设山东黄河工程局第七工程分局第二工程处和第三工程处。人员编制共120人，其中局机关61人。设局长1正2副3人，工会主席1人。局机关职能部门领导职数原则上按1正1副（办公室、工务、财务部门根据工作需要，也可按1正2副）设置，河务段、闸管所负责人按1正1副设置。

黄河大堤加高培厚工程开工

10月6日 菏泽市黄河大堤（桩号：225+454~226+635）加高培厚工程开工。工程由鄄城黄河河务局工程处和菏泽市黄河河务局工程处分段组织施工，于12月10日完工。共完成土方18万立方米，完成投资203.5万元。

黄河安全度过伏秋大汛

10月31日 黄河安全度过伏秋大汛。自6月25日入汛以来，黄河中上游来水来沙偏少，7月7日至17日，高村水文站断流11天；7月20日和8月1日，花园口水文站出现两次洪峰。7月22日，洪峰到达高村水文站，流量1 880立方米每秒，相应水位62.43米。8月3日4时，2号洪峰到达高村水文站，流量1 990立方米每秒，相应水位62.5米。两次洪峰都顺利通过菏泽市河段，未出现较大险情。

资助离退休职工解决住房困难

10 月 菏泽地区黄河河务局分配菏泽市河务局建房资金 4 万元，为居住在农村的离退休职工建房或危房维修提供帮助，共资助李尽中等 17 户职工建新房 39 间，维修旧房 12 间，每户补助 1 000 ~3 000 元。

黄河工程用地确权发证工作完成

12 月 22 日 黄河工程用地划界确权工作任务圆满完成。该项工作历时 5 个多月，对黄河大堤等 15 宗地的权属问题进行了确定，颁发了证书，并于 12 月 25 日通过了菏泽地区土地管理局和菏泽地区黄河河务局的联合验收，综合评定为优秀。

刘庄引黄闸完成引黄放水与水费征收任务

是年 菏泽市黄河河务局刘庄引黄闸共放水 18 219. 6 万立方米，实收水费 49. 84 万元。

完成滩区村台土方建设

是年 菏泽市完成滩区村台土方建设工程，共完成村台土方 1. 0 万立方米，完成投资 1. 5 万元，完成工日 0. 2 万个。

1996 年

王勤修任菏泽市黄河河务局副局长

1 月 3 日 菏泽地区黄河河务局以菏黄人劳发［1996］1 号文聘任王勤修为菏泽市黄河河务局副局长。

刘守文等职务任免

1 月 3 日 菏泽地区黄河河务局以菏黄人劳发［1996］3 号文，对刘守文作出职务任免决定：刘守文任菏泽市黄河河务局人事劳动科科长；李石之任菏泽市黄河河务局人事劳动科副科长；高贤林任菏泽市黄河河务局办公室副主任（主持工作）；陈厚华任菏泽市黄河河务局办公室副主任；苗琪任菏泽市黄河河务局工务科科长；光治合、王志兴任菏泽市黄河河务局工务科副科长；贺进山任菏泽市黄河河务局财务经营管理科科长；程再军任菏泽市黄河河务局财务经营管理科副科长；高尚军任菏泽市黄河河务局水政水资源科副科长；聘任马松林为菏泽市黄河河务局刘庄河务段副段长（主持工作）；聘任李运生为菏泽市黄河河务局刘庄河务段副段长；万瑞峰任菏泽市黄河河务局刘庄引黄闸管理所所长（副科级）；聘任刘朝选为菏泽市黄河河务局产业办公室副主任（副科级）。同时免去常思贤菏泽市黄河河务局工务科科长职务；侯同欣菏泽市黄河河务局综合经营科科长职务。

菏泽市黄河大堤加高培厚工程通过验收

1 月 18 日 菏泽市黄河大堤（桩号：225 +454 ~226 +635）加高培厚工程通过山东河务局主持的竣工验收。10 月 21 日被山东河务局确认为优质工程。

第六届职代会暨工会会员大会召开

3 月 12 日 菏泽市黄河河务局召开第六届职工代表大会暨第六届工会会员大会。大会经过充分酝酿和民主选举，产生了菏泽市黄河工会第六届委员会和工会经费审查小组。经各科室、部门民主推荐了第六届职代会代表 30 人。

开展堤防植树绿化工作

3 月 12 日 由护堤专干组织护堤员开始进行堤防植树绿化工作。4 月 8 日，在 16 号 ~19 号屋堤肩植杨树 1 300 棵；5 月 1 ~17 日在黄堤桩号 225 +454 ~225 +754 临河堤坡植苜蓿草 10 亩；6 月 29 日 ~7 月 6 日在 1 号 ~3 号防汛屋背河堤坡草皮更新 2 万平方米。共用工日 600 个，完成投资 0. 81 万元。

贺进山受聘为兼职审计员

3 月 24 日 贺进山被菏泽地区黄河河务局以菏黄审发［1996］2 号文聘为兼职审计员。

公安派出所依法查处近堤取土案件

3 月 25 ~31 日 菏泽市黄河河务局派出所和工务科配合，依法查处两起近堤取土案件，罚款 150 元，并制止两起在刘庄淤区违章植树案件。

王勤修任菏泽市黄河河务局党组成员

4月7日　中共菏泽市委以菏市任［1996］46号文任命王勤修为菏泽市黄河河务局党组成员。

公安派出所依法查处偷盗和私自处理堤防树木案

5月15～20日　菏泽市黄河河务局派出所破获偷盗案一起，除追回全部赃款外，并罚款85元。同时破获一起私自处理堤防树木案，追回赃款300元。

1996年黄河防洪方案制订

5月16日　菏泽市防汛抗旱指挥部制订1996年黄河防洪方案，对黄河花园口水文站发生各类型洪水时的水情、工情、防御措施等进行了预测。力争防汛主动，确保安全度汛。

参加汛前河势查勘

5月21～23日　黄河水利委员会组织山东、河南两河务局进行汛前河势查勘，菏泽市黄河河务局派员参加了所辖河段的河势查勘。事后，菏泽地区黄河河务局写出了1996年河势查勘报告。

菏泽市召开黄河防汛工作会议

5月24日　菏泽市召开黄河防汛工作会议，各乡（镇）乡（镇）长、水管站站长、市直有关部门负责人共计120余人参加了会议。市长杨永昌作了重要讲话，市黄河河务局局长梁灿传达了黄河防汛意见。

菏泽市黄河河务局召开安全卫生研讨会

6 月 4 日 菏泽市黄河河务局召开安全卫生研讨会，会上交流论文 15 篇。通过评选，评出优秀论文 6 篇，并为参加论文交流的人员发了奖。

土牛土方施工工程开工

6 月 22 日 菏泽市黄河河务局土牛土方工程开工。该工程是菏泽地区黄河河务局 1995 年下达的计划，6 月 24 日完工，共完成土方 1 000 立方米，完成投资 0. 7 万元。

菏泽市直 34 个科局认领防汛责任段

6 月 24 日 菏泽市副市长吴延印带领市直 34 个科局的负责人认领了黄河防汛责任段。

菏泽市黄河河务局党支部获先进党组织称号

6 月 25 日 中共菏泽市黄河河务局党支部荣获菏泽市机关企事业单位先进党组织荣誉称号。

刘庄险工根石加固工程开工

6 月 29 日 菏泽市黄河河务局刘庄险工根石加固工程开工，7 月 14 日完成。共完成抛石 500 立方米（12 号坝 150 立方米、13 号坝 200 立方米、14 号坝 150 立方米），实用工日 200 个，完成投资 2. 50 万元。

菏泽市黄河河务局举办防汛抢险培训班

7 月 5 日 菏泽市黄河河务局举办防汛抢险知识培训班，参加人员系统地学习了巡堤查险方法、九大险情发生的原因及抢护措施、险工险情抢护方法等知识。同时，菏泽市黄河河务局组织专业抢险队进行了实战训练。

吴延印检查黄河防汛工作

7月9日 菏泽市副市长吴延印对李村、李庄两个乡（镇）防汛“五落实”工作进行了全面检查，指出黄河防汛是菏泽市防汛工作的重点，一定要把黄河防汛“五落实”工作落实到位，要求强化基干班技术训练，做好抗大洪抢大险的思想准备，确保黄河防汛万无一失。

光治合晋升工程师

7月10日 菏泽地区黄河河务局菏黄人劳发［1996］32号文公布光治合具备工程师任职资格，从1995年12月28日算起。1996年1月1日被聘用为工务科工程师。

菏泽市政协委员检查黄河防汛工作

8月2日 菏泽市政协委员一行12人检查了黄河防汛工作，河务局梁灿局长详细介绍了黄河防汛工作情况，并陪同检查了刘庄险工、刘庄引黄闸、新复堤段等工程。

一号洪峰顺利通过菏泽黄河

8月5日 14时，黄河花园口水文站出现第一号洪峰，流量7 600立方米每秒，水位94.73米。8月10日零时，洪峰到达高村水文站，洪峰流量6 200立方米每秒，相应水位63.876米。刘庄险工水位自9日9时61.49米起涨，至10日19时，历时35个小时，一直持续在61.49~61.70米。10日13时，刘庄险工最高水位61.71米。至8月10日17时，洪水开始回落，第一次洪峰顺利通过菏泽市河段。

这次洪水持续时间长，水位表现高，冲刷力大，使刘庄、贾庄险工和张闫楼控导工程相继出险，共出险坝岸 17 道 26 次，张闫楼控导工程连坝被冲决 3 处，抢险共用石 3 500 立方米、柳料 21.58 万公斤、土方 1.07 万立方米、铅丝 6 060 公斤、麻绳 830 公斤，实用工日 7 417 个，完成投资 69.16 万元。

黄河滩区村庄搬迁

8 月　菏泽市黄河滩区王兴屯村搬迁工作开始，由菏泽市和李庄乡抽调干部组成搬迁指挥部，在大堤南规划新村建设，年底有 255 户村民迁居新村，解决了群众汛期安全的后顾之忧。

开展“96·8”洪水调查

9 月 8 日　遵照黄河水利委员会及山东黄河河务局的指示精神，菏泽市黄河河务局组织人员对“96·8”洪水进行调查和实地勘测，写出《“96·8”洪水调查总结》，并附各种调查表格报送菏泽地区黄河河务局。

开展汛中河势查勘

9 月中旬　黄河水利委员会组织山东、河南两河务局进行了“96·8”洪水后河势查勘，菏泽市黄河河务局派员查勘所辖河段河势。查勘结束后，有关人员在东平湖管理局召开座谈会，对当年的河势情况、“96·8”洪水特性、抗洪抢险经验教训、当前防洪工作中存在的问题及改进意见和今后黄河治理方向进行了座谈。

菏泽市黄河河务局召开思想政治工作研讨会

9 月 19 日　菏泽市黄河河务局召开思想政治工作研讨会。会上，12 篇论文参加了交流。经过评选，评出 5 篇优秀论文并给予通令嘉奖。

银杏培植服务协议签订

10月13日　菏泽市黄河河务局与山东农业大学绿色开发中心签订了银杏培植服务协议。共培植银杏六亩，投资3.6万元。

刘守文获黄河水利委员会劳动模范称号

10月30日　黄河水利委员会、水利电力工会黄河委员会以黄会［1996］27号文表彰全河治黄先进集体、劳动模范，授予菏泽市黄河河务局刘守文劳动模范称号，颁发证书，并奖励晋升一级工资。

贺进山受山东黄河河务局表彰

11月15日　山东黄河河务局以鲁黄防发［1996］12号文表彰防御黄河“96·8”洪水先进集体和先进个人，菏泽市黄河河务局贺进山受到表彰。

淤区包边盖顶土方工程开工

12月10日　菏泽市黄河河务局淤区包边盖顶土方工程开工，12月29日竣工，地点在黄堤桩号222+802~222+981淤背区，完成土方1.0万立方米，完成投资11.5万元。

雨毁工程恢复

是年　汛期连降大到暴雨，致使工程损毁严重。为使工程完整，确保安全度汛，菏泽市黄河河务局每次雨后都组织人力物力，对冲毁的工程及时进行修复，全年共完成土方8 051立方米(其中黄堤4 620立方米、险工控导1 431立方米、淤区2 000立方米)，实用工日1 600个，完成投资6.74万元。

防洪工程补残土方施工

是年 从春季开始，菏泽市黄河河务局组织人员对防洪工程的残缺进行修复，全年共完成土方 7 000 立方米（其中堤防5 475立方米、刘庄险工 830 立方米、贾庄险工 200 立方米、张闫楼控导 495 立方米），实用工日6 980个，完成投资 4.90 万元。

刘庄引黄闸完成引黄放水与水费征收任务

是年 菏泽市黄河河务局刘庄引黄闸完成年度引黄放水与水费征收任务，共引水 23 414.5 万立方米，实收水费 100.0 万元。

1997 年

水毁工程修复工程开工

1 月 1 日　菏泽市黄河河务局水毁修复工程开工。工程由本局职工及沿黄群众共同施工，4 月 30 日竣工。共完成土方 5.23 万立方米，石方 1.21 万立方米，植树 1.27 万株，修复排水沟 19 条 224 米、守险房 240 平方米，植草 36.9 万平方米，防汛路交通桥 2 座，通信线路 3 公里。完成投资 101.36 万元。实用工日 1.67 万个。

苗琪、高尚军受山东黄河河务局表彰

1 月 24 日　山东黄河河务局以鲁黄人劳发［1997］3 号文公布苗琪为山东省 1996 年度抗洪抢险先进个人（记二等功）；高尚军为 1996 年度山东省青年防护林二期工程建设先进个人。

王志兴受山东省防汛抗旱指挥部表彰

1 月 27 日　山东省防汛抗旱指挥部黄河防汛办公室以鲁黄防办发［1997］1 号文表彰 1997 年度防汛动态联系先进单位和先进个人。菏泽市黄河河务局王志兴受到表彰。

菏泽市黄河河务局受嘉奖

1 月 29 日　菏泽地区黄河河务局以菏黄人劳发［1997］1 号文发布嘉奖令，嘉奖菏泽市黄河河务局为目标管理完成单位。

菏泽市河务局 1996 年档案工作、工会工作受表彰

1 月 29 日 菏泽地区黄河河务局以菏黄人劳发［1997］2 号文通报表彰菏泽市黄河河务局为 1996 年度档案工作、工会工作先进单位。

菏泽市黄河河务局晋升为部级档案管理单位

2 月 13 日 水利部办公厅以办档［1997］29 号文批准菏泽市黄河河务局晋升为部级档案管理单位。

康月梅荣获山东区工委“三八红旗手”称号

2 月 21 日 黄河水利工会山东区委员会以鲁黄工会发［1997］3 号文授予康月梅“三八红旗手”荣誉称号。

黄堤备土牛土方工程开始施工

2 月 27 日 菏泽市黄河河务局的黄堤备土牛土方工程开工，由本局工程处施工，地点在黄堤桩号 217 + 968 ~ 220 + 000 堤段，7 月 25 日竣工。完成土方 1 930 立方米，完成投资 3.96 万元。

陈厚海等 3 人职务任免

3 月 5 日 菏泽地区黄河河务局以菏黄人劳发［1997］5 号文通知：陈厚海任菏泽市黄河河务局产业办公室副主任（副科级），崔铁生任菏泽市黄河河务局刘庄河务段副段长，免去刘朝选菏泽市黄河河务局产业办公室副主任职务。

派出所破获近堤取土案

3 月 7 日 菏泽市黄河河务局派出所破获李庄乡 3 村民近堤取土案。对其罚款 300 元，并责令恢复堤防原状。

菏泽市黄河河务局年度防汛岁修经费计划下达

3月8日　菏泽地区黄河河务局下达菏泽市黄河河务局防汛岁修经费计划。防汛计划投资14.37万元；岁修计划投资9.85万元。

菏泽市黄河河务局举办银杏种植培训班

3月8日　菏泽市黄河河务局聘请泰安农学院郭成原教授举办银杏种植培训班，重点学习银杏育苗、种植、管理等方面的知识，为种好银杏提供了技术保障。

刘朝选任职调整

3月13日　山东黄河工程局第七工程分局以鲁黄工七局[1997]2号文聘任刘朝选为山东黄河工程局第七工程分局第二工程处主任。

淤区包边盖顶工程开工

3月21日　菏泽市黄河河务局淤区包边盖顶工程开工。工程由油楼、刘庄的村民施工，工务科和刘庄河务段负责施工管理，4月20日竣工。完成土方1.22万立方米，其中黄堤桩号220+940～221+060及222+115～222+205段完成土方9 000立方米；222+981～223+040段完成土方3 200立方米。完成投资26.02万元，完成工日1 630个。

菏泽地区黄河河务局同意中油局在所辖河道内施工

4月6日　菏泽地区黄河河务局同意中油局地调2143队在菏泽市黄河河务局所辖河道内进行物探施工。4月1日，菏泽市黄河河务局与中原油田地调处签订了有关协议。

菏泽市黄河河务局筹建千头养猪场

4 月 21 日 山东黄河河务局以鲁黄财经发［1997］16 号文同意菏泽市黄河河务局建千头养猪场一处，投资 70.0 万元，其中自筹资金 60.0 万元，山东黄河河务局扶持资金 10.0 万元。

菏泽市召开防汛工作会议

5 月 4 日 菏泽市召开防汛工作会议，传达贯彻省、地黄河防汛会议精神，市长、市防汛抗旱指挥部指挥长杨永昌在会上作了重要讲话，并与各乡(镇)负责人签订了防汛责任书。

刘庄险工根石加固任务完成

6 月 1 ~ 9 日 菏泽市黄河河务局完成刘庄险工根石加固任务。该项工程由刘庄河务段组织人员施工，共分两期，第二期施工时间为 7 月 18 ~ 27 日。共完成石方 2 200 立方米，完成投资 35.44 万元。实用工日 650 个。

黄河滩区第三期水利工程建设资金通过审查

6 月 10 日 菏泽地区黄河河务局印发关于菏泽市黄河滩区第三期（1994 ~ 1996）水利建设资金审查的报告。

菏泽市第三期黄河滩区水利建设共安排 91 万元（其中国家投资 42.5 万元，省财经补助 30.0 万元，地区配套资金 4.0 万元，县、乡配套资金 14.5 万元）。安排灌溉工程 82.0 万元、排水工程 9.0 万元，累计完成投资 96 万元（其中增加群众自筹资金 5.0 万元）。在审计中，没有发现任意增加开支项目、扩大开支范围、违背有关规定的现象，回收资金也全部到位。

张闫楼控导工程加高培厚工程开工

6月10日　菏泽市黄河河务局张闫楼控导工程1号~17号坝及相应联坝的加高培厚工程开工，6月30日竣工。共完成土方17.21万立方米，石方0.7万立方米。完成投资355.83万元，实用工日3 482个。12月29日，菏泽地区黄河河务局确认为优质工程。

水毁工程修复任务完成

6月12日　菏泽市黄河河务局完成了“96·8”洪水造成的水毁工程修复任务，完成土方11.55万立方米，石方0.87万立方米，维修排水沟421米，植树2 396棵，维修守险房180平方米，恢复界桩55根，实用工日2.13万个。完成投资192.65万元。

黄河开始断流

6月23日　高村水文站黄河出现断流，至7月16日，共断流24天。

王勤修、程爱俭获工程师任职资格

6月30日　菏泽地区黄河河务局以菏黄人劳发［1997］27号文通知，经相关专业中、初级评审委员会评审和地区人事局考试，确认王勤修、程爱俭具备工程师任职资格。

防汛备防石按计划完成

7月4日　菏泽市黄河河务局完成了防汛备防石任务。此项工作自6月1日开始，共完成备防石4 050立方米（其中刘庄险工2 100立方米，贾庄险工700立方米，张闫楼控导1 250立方米）。完成投资 63.59 万元。

菏泽市黄河河务局领导班子召开上半年民主生活会

7 月 25 日 菏泽市黄河河务局领导集体召开上半年民主生活会。菏泽地区黄河河务局局长许建中、纪检组长赵汝芳参加了会议。

刘守文任特邀纪检监察员

7 月 30 日 中共菏泽地区黄河河务局党组以菏黄党发［1997］11 号文聘任刘守文等人为菏泽地区黄河河务局第二届特邀纪检监察员。

刘庄险工 14 号～19 号坝出险

8 月 4 日 黄河花园口水文站出现 4 020 立方米每秒洪峰。5 日 8 时，洪峰到达高村水文站，流量 2 150 立方米每秒，刘庄险工水位 60.96 米。刘庄险工 14 号～19 号坝遭遇大溜顶冲，因靠流时间长，根石走失严重，在 5 日 9 时相继出现坍塌现象。险情出现后，菏泽黄河河务局立即组织抢修，通过 3 昼夜的奋战，控制了险情，转危为安。抢险共用石料 506 立方米，工日 169 个，投资 5.51 万元。

菏泽市黄河河务局年度防汛岁修工程完工

11 月底 菏泽市黄河河务局完成菏泽地区黄河河务局下达的防汛岁修经费计划。完成防汛投资 17.95 万元（其中抢险石料费 3.58 万元），抢险 4 道坝次，用石 506 立方米。完成水毁工程修复土方 0.75 万立方米，维修守险房 3 座。通信设施于汛前、汛后各维修一遍。完成工日 0.50 万个。完成岁修投资 9.85 万元，完成土方 0.62 万立方米、植树 6 500 棵、植草 2 万平方米，处理獾狐洞一处。完成工日 0.60 万个。

王勤修、程爱俭晋升工程师

12 月 6 日　菏泽市黄河河务局下发通知，聘任王勤修为菏泽市黄河河务局工程师，程爱俭为菏泽市黄河河务局工务科工程师。

刘庄引黄闸完成年度引黄放水与水费征收任务

是年　菏泽市黄河河务局刘庄引黄闸完成年度引黄放水与水费征收任务，共引水 22 028.8 万立方米，实收水费 84.8 万元。

1998 年

菏泽市黄河河务局受嘉奖

2 月 13 日 菏泽地区黄河河务局以菏黄人劳发［1998］5 号文印发第一号嘉奖令，授予菏泽市黄河河务局 1997 年度目标管理先进单位称号。

郑观堂任菏泽市黄河河务局纪律检查员

2 月 24 日 中共菏泽地区黄河河务局党组以菏黄党发［1998］4 号文聘任郑观堂为菏泽市黄河河务局纪律检查员。

刘守平职务变动

2 月 24 日 山东黄河工程局第七分局以鲁黄工七局发［1998］2 号文决定，提任刘守平为第三工程处副主任（副科级）。

高贤林等职务任免

3 月 1 日 菏泽地区黄河河务局以菏黄人劳发［1998］10 号文通知：高贤林任菏泽市黄河河务局办公室主任；光治合任菏泽市黄河河务局工务科科长；高尚军任菏泽市黄河河务局水政水资源科科长；聘任马松林为菏泽市黄河河务局刘庄河务段段长；孙建华任菏泽市黄河河务局人事劳动科副科长；聘任董学朋为菏泽市黄河河务局产业办公室副主任。苗琪不再担任工务科科长职务。

王志兴受山东黄河河务局表彰

3月6日 山东黄河河务局以鲁黄防办发［1998］3号文，通报表彰菏泽市黄河河务局王志兴荣获1997年山东黄河防汛管理先进个人。

植树绿化工程开工

3月12日 菏泽市黄河河务局植树绿化工程开工，4月28日竣工，完成植杨树4 500棵，草皮更新2万平方米，实用工日807个，完成投资1.93万元。

菏泽市黄河河务局四处险点险段入编

3月18日 菏泽地区黄河河务局编制1998年菏泽地区黄河河务局防洪工程主要险点情况及度汛措施。菏泽市黄河河务局堤段在菏泽地区黄河河务局编号险点险段共有四处，其中渗水两处（一处是兰口，黄堤桩号226+500~228+000；一处是双河岭，黄堤桩号228+900~229+500），堤身单薄两处（一处是黄庄集—岔河头，黄堤桩号217+968~219+200；一处是刘庄引黄闸以上，黄堤桩号220+000~221+150）。

菏泽市黄河河务局获地区级文明单位称号

3月27日 中共菏泽市委宣传部以菏市宣发［1998］5号文通报表彰菏泽市黄河河务局为1997年度地区级文明单位。

菏泽市黄河河务局报废和变价处理部分设备

3月31日 菏泽地区黄河河务局以菏黄财经［1998］号文件通知，经山东河务局［1998］黄经便字12号文批准，同意菏泽市黄河河务局报废如下设备：195 发电机组一台，2100 发电机组一台，东方红 802 拖拉机一台，泰山－75 三轮摩托车一辆。变价处理如下设备：解放 CA－15 汽车一辆，BJ2020 吉普车一辆，凌空吉普车一辆，东方红 802 拖拉机 4 台，泰山－12 小拖拉机 3 台。

菏泽市黄河河务局获防洪法知识竞赛第二名

4 月 8 日 菏泽市黄河河务局代表队在菏泽地区黄河河务局举办的《中华人民共和国防洪法》知识竞赛中，经过激烈角逐，获得第二名的好成绩。

刘庄险工獾狐洞处理工程开工

5 月 15 日 菏泽市黄河河务局刘庄险工 20 号～22 号坝獾狐洞处理工程开工，5 月 27 日完工。共计完成搬移备防石垛 400 立方米，开挖回填土方 300 立方米，处理 5 个洞口，实用工日 200 个，完成投资 0.50 万元。

菏泽市委调整市防汛抗旱指挥部

5 月 18 日 中共菏泽市委以菏市普发［1998］18 号文印发《菏泽市委、政府调整市防汛抗旱指挥部的通知》，王浩任指挥长，李玉华等 11 人任副指挥长。黄河防汛指挥部指挥长为王浩，副指挥长为王洪民、马令轩、梁灿、王勤学、王勤修。办公室设在黄河河务局，梁灿兼任办公室主任。

菏泽市召开 1998 年防汛工作会议

5 月 18 日 菏泽市防汛抗旱指挥部召开 1998 年防汛工作会议，菏泽市市长、市防汛抗旱指挥部指挥长王浩同有关乡（镇）负责人签订了防汛目标责任书。

皮殿卿晋升高级工程师

6月1日　菏泽地区黄河河务局以菏黄人劳发［1998］17号文公布皮殿卿具备高级工程师任职资格。6月22日，菏泽市黄河河务局聘任皮殿卿为菏泽市黄河河务局高级工程师。

刘庄险工根石补充加固工程开工

6月8日　菏泽市黄河河务局刘庄险工根石加固工程开工（水利建设基金计划），6月29日竣工。完成根石补充石方5 669立方米，其中刘庄险工15号坝3 038立方米，16号坝2 631立方米，完成投资77.54万元。根石加固标准：根石台顶高程与2000年设防标准当地3 000立方米每秒水位平，台顶宽2.0米，外坡1:1.5。

黄河大堤加高培厚工程开工

6月19日　菏泽市黄河河务局大堤加高培厚工程开工。地点在221+000～225+454处。工程设计要求达到2000年设防标准，由鄄城、菏泽两县及菏泽市河务局工程处承包施工，12月15日竣工。完成土方42.13万立方米，完成投资877.41万元。质量合格率99%。1999年7月21日通过山东黄河河务局主持的竣工验收。

险工控导备土牛土方工程开工

6月26日　菏泽市黄河河务局险工控导备土牛土方工程开工。工程由工程三处负责施工，7月2日竣工。共完成土牛土方1 560立方米（其中：刘庄险工600立方米，贾庄险工500立方米，张闫楼控导460立方米），完成投资1.56万元。

黄河一号洪峰顺利通过菏泽市河段

7 月 19 日 13 时，黄河一号洪峰洪水顺利通过菏泽市河段。7 月 16 日 13 时，黄河花园口水文站出现本年度第一号洪峰，洪峰流量 4 660 立方米每秒。7 月 18 日 21 时，洪峰到达高村水文站，流量 3 020 立方米每秒，相应水位 61. 73 米，部分滩区漫滩进水，水偎堤根，险工、控导工程全部偎水。7 月 17 日 20 时，刘庄险工 15 号、16 号坝前头、下跨角和迎水面、下跨角两次出险，由于抢护及时，均化险为夷。4 坝次抢险共动用石方 770 立方米，铅丝 2 030 公斤。

刘庄引黄闸西孔闸门故障处理总结报地区河务局

7 月 30 日 菏泽市黄河河务局关于刘庄引黄闸西孔闸门卡阻故障处理情况总结，呈报了菏泽地区黄河河务局。总结阐明了故障发生的情况及原因、采取的临时防范措施、故障处理方案的制订与选择、实施经过和效果，以及经验教训和今后建议。

菏泽地区防汛指挥部举行基干班巡堤查险演习

8 月 6 日和 21 日 菏泽市黄河河务局抽调李村、李庄两乡（镇）防汛基干班人员，参加了菏泽地区防汛指挥部分别在东明高村险工和菏泽刘庄黄河大堤上举行的群众防汛队伍巡堤查险演练，两次演练共参加 9 个基干班 120 余人。演练内容主要是偎水堤段查水方法和临河堤坡风浪淘刷险情的抢护，参加人员增长了防汛知识，提高了抢险技术水平。

吴官正视察刘庄险工

8 月 8 ~9 日 山东省委书记吴官正在山东黄河河务局副局长袁崇仁陪同下，到菏泽地区视察黄河防汛工作。在视察期间，吴官正书记视察了菏泽刘庄险工。

水毁工程修复工程开工

10月20日　菏泽市黄河河务局水毁修复工程开工，10月30日竣工。共完成风波补残土方9 368立方米，刘庄险工根坦整修石方504立方米，修复排水沟12条48米，增补边界桩120根，完成投资15.0万元。

开展刘庄险工根石加固

11月8日　菏泽市黄河河务局刘庄险工根石加固工程开工，组织刘庄河务段职工30人施工，11月26日竣工，共完成根石加固石方1 900立方米，完成投资33.44万元。

刘庄引黄闸改建和维修报告送地区河务局

11月13日　菏泽市黄河河务局以菏黄工发［1998］2号文印发关于刘庄引黄闸进行改建和维修工程的报告，并报送菏泽地区黄河河务局。报告就刘庄引黄闸的基本情况、存在的问题、改建和维修意见、作了详细阐述。

菏泽市黄河河务局晋升三级河道目标管理单位

11月17日　山东黄河河务局以鲁黄管发［1998］56号文公布菏泽市黄河河务局为三级河道目标管理单位。

菏泽市黄河河务局召开民主联席会议

12月13日　菏泽市黄河河务局召开局领导全体成员、部分中层干部和职工代表共31人参加的民主联席会议，共谋发展大计。

郑观堂任菏泽市黄河河务局党组成员

12 月 15 日 中共菏泽市委组织部以菏市组任［1998］30 号文同意郑观堂任菏泽市黄河河务局党组成员。

菏泽市黄河河务局完成年度险工整修任务

12 月 菏泽市黄河河务局完成险工整修任务。共完成坦石整修 1 614 平方米，根石整修 275 平方米，坦石封顶 940 平方米，维修土方 1 700 立方米，新增工程简介牌 3 个，河势查勘牌 4 个，根石断面桩 400 根，坝号桩 25 根，维修贾庄守险房 6 间，拆建张闫楼控导守险房 3 间。完成工日 3 415 个，完成投资 10.34 万元。

刘庄引黄闸引黄放水与水费征收任务完成

是年 菏泽市黄河河务局刘庄引黄闸引黄放水与水费征收任务完成，全年共放水 21 412.7 万立方米，实征收水费 110.0 万元。

1999 年

省级劳动模范享受荣誉津贴

1 月 4 日　山东黄河河务局下发通知，按照黄河水利委员会、黄河工会《关于省部级以上离退休劳动模范、先进生产（工作）者实行荣誉津贴的通知》规定，菏泽市河务局李书臣、卢建中享受省部级劳动模范荣誉津贴，每人每月 80 元，从 1998 年 1 月起执行。

黄河山东菏泽水政监察大队成立

1 月 5 日　菏泽地区黄河河务局以菏黄政发［1998］17 号文批准成立黄河水利委员会山东菏泽水政监察大队，王勤学任大队长，高尚军、李效堂、梁帮立任副大队长。

菏泽市黄河河务局工会获黄委会表彰

1 月 19 日　山东河务局以鲁黄人劳发［1999］6 号文公布：黄河水利委员会授予菏泽市黄河河务局工会“查隐患、保安全”基层先进单位称号。

王志兴受黄河水利委员会表彰

1 月 19 日　山东黄河河务局以鲁黄人劳发［1999］6 号文通报 1998 年受上级表彰的先进集体和先进个人，王志兴荣获黄河水利委员会防汛工作先进个人称号。

菏泽市黄河河务局多项工作受表彰

1 月 22 日　菏泽地区黄河河务局以菏黄人劳发［1999］4 号文通报表彰 1998 年度各项工作先进单位。菏泽市黄河河务局荣获防汛工作、思想政治工作、工会工作、财务管理先进单位称号。

周洪军受黄河山东区工委表彰

1 月 22 日　黄河山东区工委以鲁黄工会发［1999］3 号文表彰周洪军为 1998 年度工会宣传信息优秀工作者。

菏泽市黄河河务局纪检组受菏泽市纪委表彰

2 月 25 日　中共菏泽市纪委以菏市纪发［1999］3 号文通报表彰菏泽市黄河河务局纪检组、监察室为 1998 年度先进单位。

刘庄河务段晋升市级文明单位

3 月 16 日　中共菏泽市委以菏市发［1999］11 号文公布菏泽市黄河河务局刘庄河务段为 1998 年新增的市级文明单位。

菏泽市黄河河务局获准报废部分防汛物资

3 月 16 日　菏泽地区黄河河务局以菏黄财经字［1999］3 号文同意菏泽市黄河河务局报废以下防汛物资：麻袋 10 380 条，5 丈绳 12 根，木桩 500 根，电石 800 公斤，篷布 10 块，发电机组 195/7 千瓦 5 台，电石灯 24 盏，手提灯 94 盏。

菏泽市黄河工会召开第七届会员大会

3 月 16 日　菏泽市黄河工会第七届会员大会在局机关召开，梁灿局长作工作报告，周洪军主席作“勇于开拓，奋发进取，力争我局工会工作再上新水平”的报告。通过选举产生了新一届工会委员会和经费审查小组，选举周洪军为工会主席。

菏泽市召开1999年度防汛工作会议

3月25日 菏泽市召开1999年度防汛工作会议，会上成立了以王浩市长为指挥长的防汛指挥部和黄河防汛指挥分部，部署了1999年黄河防汛工作，与28个乡（镇）和市直37个科、局签订了防汛目标责任书。

菏泽市黄河大堤加高工程开工

5月11日 菏泽市黄河大堤（桩号217+968~221+000）加高工程开工，7月25日完工。共完成土方27.91万立方米，完成投资796.57万元。2000年11月19日，通过山东河务局的竣工验收。

布如坤任菏泽市黄河河务局局长

5月19日 山东黄河河务局以鲁黄人劳发［1999］44号文任命布如坤为菏泽市黄河河务局局长。

菏泽市黄河河务局购轿车一辆

5月 菏泽市黄河河务局购上海产桑塔纳2000型轿车一辆，价值21.11万元。

黄河防汛督察组成立

6月3日 菏泽市人民政府以菏政办字［1999］21号文成立黄河防汛工作督察组，张五岳任组长，陈爱文、李利华、梁灿任副组长，另有成员4人、督察员7人。

菏泽地区防汛抗旱指挥部组织民兵抢险队比武

6 月 29 日 菏泽地区防汛抗旱指挥部在菏泽市刘庄险工 31 号坝前滩地上组织民兵抢险队进行抢险比武。菏泽市李村镇组建的民兵抢险队参加了此次活动。菏泽地区行署、军分区、黄河河务局及沿黄县（市）分管防汛的负责人观看了比武。

山东河务局调入菏泽市黄河河务局发电机组 6 部

6 月 山东河务局调入菏泽市黄河河务局 2 千瓦发电机组 4 部，单价 5 471 元；3.5 千瓦发电机组 2 部，单价 9 060 元。

布如坤任菏泽市黄河河务局党组书记

7 月 10 日 中共菏泽市委以菏市任［1999］24 号文通知，布如坤任菏泽市黄河河务局党组书记。

山东黄河河务局调入菏泽市河务局设备两件

7 月 山东黄河河务局调入菏泽市黄河河务局 KZQ－2 型简易捆枕器一部，单价 981 元；民用Ⅱ型冲锋舟一只，单价 42 331 元。

提出职工及家属户口转移和职工子女转学申请

8 月 1 日 菏泽市黄河河务局拟定并向有关部门呈送关于申请户口及粮食关系迁移和职工子女转学的报告。因办公地址的变动，菏泽市黄河河务局申请将 261 名职工及家属的户口及粮食关系由李村镇迁移至丹阳办事处，44 名职工子女转学到菏泽市城内读书。

菏泽市河务局开展机构改革试点工作

9月3日~10月10日 菏泽市河务局开展机构改革试点工作。为积极稳妥地开展此项工作，局党组于9月3日召开专门会议，成立了菏泽市黄河河务局机构改革领导小组和机构改革办公室，制订了《机构改革试点工作实施方案》。9月19日~10月7日，中层领导竞选工作结束，17名科级干部走向新的岗位。10月10日，一般工作人员的双向选择结束，全部上岗。

菏泽市河务局机构改革方案获地区河务局批复

9月12日 菏泽地区河务局对菏泽市河务局机构改革试点方案作出批复。根据批复，菏泽市黄河河务局的机构设置为：①机关机构设置：办公室、河务科（与防汛办公室合署）、水政水资源科（与公安派出所合署）、财务经营管理科、人事劳动科，党群机构设置：工会。均为正科级。②所属事业单位机构：刘庄河务段（正科级）、李庄河务段、刘庄引黄闸管所（副科级）、通信管理站（副科级）。③内部企业管理单位：机关服务处（正科级）。

局机关人员编制核定35人，其中局领导5人（局长1人，副局长2人，纪检员1人，工会主席1人）。机关各职能部门领导数原则上按1正1副配备（其中河务科、财务经营管理科可按1正2副配备）。内部企业管理单位编制暂按局上报方案数量核定。事业总编制待上级下达统一编制定员标准后另行核定。

另据规定：刘庄河务段和李庄河务段管辖范围由市河务局研究确定。刘庄河务段管辖范围：黄堤从桩号217+968到桩号225+984，刘庄险工和贾庄险工（从1号坝到22号坝）共计22个坝。李庄河务段管辖范围：黄堤从桩号225+984~232+861，贾庄险工从23号坝到26号坝，张闫楼控导工程和高寨险工。

参加汛后河势查勘

9 月 14～18 日 黄委会组织河南、山东两河务局进行汛后河势查勘，菏泽市黄河河务局派员参加了所辖河段的河势查勘。查勘期间，高村水文站大河流量 540～740 立方米每秒。由于长时间的小流量，个别河段形成不利河势，刘庄险工河势下滑。查勘后在梁山县河务局座谈河道整治意见时，提出了加高贾庄险工 17 号～26 号坝的建议。

菏泽市河务局聘任机关各科室、部门负责人

9 月 29 日 菏泽市河务局根据机构改革试点要求，经民主推荐并报地局批准，以菏黄人劳发［1999］14 号文聘任孙建华为办公室副主任（主持工作），曹明泉为办公室副主任（试聘一年），光治合为河务科科长，刘英杰为河务科副科长（试聘一年），贺进山为财务经营管理科科长，程再军为财务经营管理科副科长，陈厚华为人事劳动科副科长（主持工作），陈厚海为刘庄河务段段长，李运生为刘庄河务段副段长，王志兴为李庄河务段段长（正科级），杨卫东为李庄河务段副段长（试聘一年），崔铁生为刘庄引黄闸管所所长，皮治全为通讯管理站站长（副科级），马松林为机关服务处主任（正科级），曹德印为机关服务处副主任（试聘一年）。

菏泽市河务局机关迁入菏泽市城区

11 月 3 日 菏泽市河务局机关由菏泽市李村镇后油楼村北迁至菏泽城区南平路（现长江路 887 号），与菏泽地区黄河河务局同楼办公。

中原油田物探公司获准在菏泽市河道内进行物探

12月7日 菏泽地区黄河河务局批复中原油田物探公司2155队在菏泽市黄河河务局境内进行物探施工的报告，原则上同意中原油田在该范围内施工，但必须遵守商定的施工界限和施工时间，施工期间要保证通行人员安全，工程加固补偿费要及时到位。同时要求菏泽市黄河河务局加强对施工的监督管理。

菏泽市黄河河务局晋升二级河道目标管理单位

12月11日 菏泽市黄河河务局晋升二级河道目标管理单位，通过了黄河水利委员会考评验收。

菏泽地区黄河河务局公布1999年获奖论文

12月28日 菏泽地区黄河河务局公布1999年论文交流获奖论文。菏泽市黄河河务局皮殿卿撰写的“浅谈刘庄闸急待改建的必要性和方案设想”获二等奖，光治合撰写的“新形势下稳定群管队伍的做法和建议”和张曙光撰写的“浅谈新形势下如何加强黄河专业机动抢险队的建设”获优秀奖。

菏泽市黄河河务局完成年度防汛岁修任务

是年 菏泽市黄河河务局经过全体干部职工的努力，圆满完成了1999年防汛岁修任务。共完成土方1.06万立方米，石方0.08万立方米，完成投资103.428万元，其中：水利建设基金38.28万元，防汛岁修39.19万元，特大防汛经费25.958万元。

菏泽市黄河河务局开展住宅楼建设

是年 菏泽市黄河河务局开展职工住宅楼建设，完成3号住宅楼2 269.57平方米，在建4号楼住宅楼3 328.92平方米。

刘庄引黄闸引黄放水与水费征收任务完成

是年 菏泽市黄河河务局刘庄引黄闸完成年度引黄放水与水费征收任务，全年共放水 16 567 万亿立方米，水费足额征收 86.62 万元。

郑观堂获山东黄河职工书法二等奖

是年 在山东黄河河务局举办的“山东黄河职工庆国庆、迎澳门回归”书法美术摄影展，菏泽市黄河河务局职工郑观堂获书法二等奖。

2000 年

王勤学任中共菏泽市黄河河务局总支委员会书记

1 月 7 日　中共菏泽市直属机关委员会以菏直发［2000］2 号文宣布，王勤学任中共菏泽市黄河河务局总支委员会书记，周洪军任副书记，郑观堂等五人任委员。

桑卫华荣获读书自学积极分子称号

1 月 30 日　菏泽地区黄河河务局以菏黄办发［2000］6 号文印发 1999 年受上级表彰的先进单位、先进个人情况通报。菏泽市黄河河务局桑卫华被山东黄河工委授予读书自学积极分子称号。

菏泽市黄河河务局召开 2000 年治黄工作会议

2 月 18 日　菏泽市黄河河务局在刘庄河务段召开 2000 年治黄工作会议。布如坤局长在会上作“振奋精神，团结一致，开拓进取，争创一流，把菏泽市治黄事业全面推向 21 世纪”的报告。会议表彰了先进单位与个人，与各科室签订了目标责任书。

植树绿化工程开工

2 月 22 日　菏泽市黄河河务局植树绿化工程开工，参加人员有本局职工、护堤员及团市委组织的共青团员。全年共植树 2.38 万棵，育旱柳苗 40 亩，完成投资 18.4 万元。

菏泽地区黄河河务局表彰先进集体

2 月 24 日 菏泽地区黄河河务局以菏黄工发［2000］8 号文表彰 1999 年度工程管理工作先进单位、先进单项工程和先进个人。刘庄险工被省黄河河务局评为优秀工程。菏泽市河务局、刘庄险工取得菏泽地区黄河河务局年终联合检查前三名。

高尚军任职

3 月 3 日 菏泽市河务局以菏黄人劳发［2000］6 号文聘任高尚军为菏泽市黄河河务局派出所所长。

参加汛前河势查勘

4 月 21～23 日 黄河水利委员会组织山东、河南两河务局进行汛前河势查勘，菏泽市黄河河务局派员参加了所辖河段的河势查勘。查勘期间，高村水文站大河流量 610～760 立方米每秒，刘庄河势呈大幅度下滑趋势。

菏泽市河务局开展交通安全百日赛活动

5 月 1 日～8 月 8 日 菏泽市河务局开展交通安全百日赛活动。参加此次活动的车辆共 29 部。活动结束后，河务局组织对参赛车辆及人员进行了认真评比，邵养民被评为优秀驾驶员，并为获得一、二、三等奖获得者颁发了奖金。

菏泽黄河堤顶道路硬化工程开工

5 月 5 日 菏泽黄河堤顶道路（黄堤桩号 221＋000～250＋000）硬化工程开工（其中 221＋000～232＋861 属牡丹区堤段，232＋861～250＋000 属鄄城县堤段）。该工程由山东黄河河务局以鲁黄工发［2000］47 号文批复，山东黄河工程局和菏泽黄河工程局施工，主体工程于11月3日完工。路面宽6.0米，面层厚4.0厘米，道路基层为灰土，面层为沥青碎石。附属工程6月13日开工，9月1日完工。实际完成投资1 484.14万元，竣工节余143.22万元。2003年12月1～3日，通过山东河务局主持的竣工验收。

菏泽市黄河河务局开展安全生产周活动

5月14～20日　菏泽市黄河河务局开展了第十届全国安全生产周活动。

菏泽市召开防汛抗旱工作会议

6月6日　菏泽市召开防汛抗旱工作会议，安排2000年黄河防汛工作，与有关乡镇和科、局签订了防汛目标责任书。

菏泽市黄河河务局获准处置部分资产

6月7日　菏泽地区黄河河务局核准菏泽市黄河河务局处置资产清单如下：柴油三轮车一辆，汽油三轮摩托车一辆，拖拉机一部，打锥机一部，灌浆机一部，饲料机一部，碾米机一部，磨面机一部，汽油发电机一部，电话总机一台，打字机一台，地上衡一台。

菏泽市黄河河务局机动抢险队成立

6月20日　菏泽市黄河河务局成立机动抢险队，副局长王勤修任队长，河务段副段长李运生、杨卫东任副队长，共计38人。

呈请地区河务局拆除刘菏有线通信线路的报告

7月24日　菏泽市黄河河务局向菏泽地区黄河河务局呈报

了“关于拆除刘庄至菏泽市区防汛通信线路的请示报告”。原因是有线线路已被微波通信代替，已无利用价值。

派员参加汛后河势查勘

10 月下旬 黄河水利委员会组织河南、山东两河务局进行汛后河势查勘，菏泽市黄河河务局派员参加了相关河段的河势查勘。查勘期间，高村水文站大河流量 460 ~ 523 立方米每秒，刘庄河势仍呈下滑趋势。

菏泽市黄河河务局机淤固堤工程开工

11 月 7 日 菏泽市黄河河务局黄堤（桩号 227 + 500 ~ 229 + 700）机淤固堤工程开工。

高尚军晋升工程师

11 月 12 日 菏泽地区黄河河务局以菏黄人劳发［2000］24 号文公布高尚军具备工程师任职资格，12 月 28 日聘任为菏泽市黄河河务局工程师，聘期三年，从 2000 年 4 月算起。

黄河下游引黄供水价格调整

11 月 20 日 山东黄河河务局转发山东省物价局关于调整黄河下游引黄渠首工程供水价格的通知，自 2000 年 12 月 1 日起，农业用水价格：4 ~ 6 月 0.012 元每立方米，其他月份 0.01 元每立方米；工业用水及城市生活用水价格：4 ~ 6 月 0.046 元每立方米，其他月份 0.039 元每立方米。

菏泽地区、菏泽市黄河河务局更名

12 月 25 日 山东黄河河务局以鲁黄人劳发［2000］98 号文印发关于菏泽地区黄河河务局更名的通知。因菏泽地区撤地设市，菏泽地区黄河河务局更名为菏泽市黄河河务局，原菏泽市黄河河务局更名为菏泽市牡丹区黄河河务局。

刘庄引黄闸引黄放水与水费征收任务完成

是年　菏泽市黄河河务局刘庄引黄闸完成年度引黄放水与水费征收任务，全年共放水6 332万立方米，应收水费38.46万元，实收90.0万元。

2001 年

菏泽市牡丹区黄河河务局印章启用

1 月 10 日 菏泽市黄河河务局通知，根据山东黄河河务局鲁黄人劳发［2000］98 号文件精神，菏泽市牡丹区黄河河务局印章自即日起启用。

牡丹区黄河河务局多项工作受表彰

1 月 13 日 菏泽市黄河河务局以菏黄办发［2001］3 号、4 号文表彰牡丹区黄河河务局 2000 年目标管理、工会工作、信息工作、后勤服务、档案工作为先进单位。

召开 2000 年度治黄工作会议

2 月 9 日 牡丹区黄河河务局在刘庄河务段召开 2001 年治黄工作会议。布如坤局长在会上作了“抢抓新世纪机遇，锐意开拓创一流，努力开创牡丹区治黄事业新局面”的工作报告。会议回顾了过去一年的治黄工作，安排了当年的工作任务，提出了完成任务的主要措施。

牡丹区黄河河务局工会获先进基层工会称号

3 月 16 日 菏泽市总工会以菏工发［2001］9 号文授予牡丹区黄河河务局工会全市先进基层工会称号。

冯特立任牡丹区黄河河务局副局长

3月29日　菏泽市黄河河务局以菏黄人劳发［2001］13号文聘任冯特立为牡丹区黄河河务局副局长，王勤学、周洪军为牡丹区黄河河务局调研员。

刘朝选等人职务任免

5月1日　菏泽市牡丹区黄河河务局以菏牡区黄人劳发［2001］10号文聘任刘朝选为经济办公室主任，董学朋为经济办公室副主任，张宪柱为河务科副科长，桑圣生为人事劳动科副科长；免去程再军财务经营管理科副科长职务。

程再军任职调整

5月9日　山东菏泽黄河工程局以菏黄工发［2001］10号文聘任程再军为第二工程处主任。

刘庄险工开展獾狐洞处理工作

5月15日　牡丹区黄河河务局刘庄险工开展獾狐洞群处理工作，6月10日完成。共完成开挖回填土方2 120立方米，搬移石方1 600立方米，处理洞穴49眼，完成投资8.5万元。

冯特立等职务任免

5月18日　中共菏泽市牡丹区委组织部印发菏区组任［2001］10号文，同意冯特立任牡丹区黄河河务局党组成员。免去周洪军、王勤学牡丹区黄河河务局党组成员职务。

牡丹区黄河河务局部分资产核准报废

5月26日　菏泽市黄河河务局以菏黄财发［2001］3号文

核准牡丹区黄河河务局处置资产清单如下：麻袋6 150 条，5 丈麻绳 1 854 根，4 尺木桩 244 根，小麻绳 23.8 公斤，滑子绳 15 公斤，295 柴油发电机组一台，8 米×6 米帆布篷6 块。

康月梅、冯特立分别获政工师、工程师任职资格

6 月 1 日 菏泽市黄河河务局以菏黄人劳发［2001］28 号文公布，康月梅获政工师任职资格，冯特立获工程师任职资格。

牡丹区黄河河务局黄河专业抢险队成立

6 月 7 日 牡丹区黄河河务局成立黄河专业抢险队，共 39 人组成，副局长冯特立任队长，曹更轩任副队长。

牡丹区召开防汛工作会议

6 月 9 日 牡丹区召开防汛工作会议。会上成立了以尹玉明区长为指挥长的防汛指挥部和黄河防汛分指挥部，部署了 2001 年黄河防汛工作，与各乡（镇）、科、局签订了防汛责任书。

开展党风廉政建设宣传月活动

6 月 17 日 中共牡丹区黄河河务局党组决定自6 月 10 日起，至7 月 10 日，在全局开展党风廉政建设宣传月活动。

菏泽市黄河河务局举行堤防险情抢护实战演习

6 月 22 日 菏泽市黄河河务局在东明黄河大桥西黄堤背河举行堤防险情抢护实战演习，牡丹区黄河河务局专业抢险队运用背河反滤围井法，圆满完成了四号漏洞抢护任务，受到各级领导的好评。

牡丹区黄河河务局2001年机动抢险队成立

7月2日 牡丹区黄河河务局2001年机动抢险队成立。抢险队成员共计41人，副局长冯特立任队长，工程管理处主任程再军任副队长，工程师光治合任技术负责人。

牡丹区黄河河务局成立政府采购领导小组

7月23日 牡丹区黄河河务局以菏牡区黄财经发［2001］5号文公布成立政府采购领导小组，由分管财务的副局长、纪检、办公室、服务处、工会、财务等部门负责人组成，共同负责牡丹区黄河河务局及各部门所需物品的采购工作。

牡丹黄河河务局11.86公里堤顶硬化工程竣工

9月1日 菏泽牡丹黄河河务局堤防道路硬化工程（黄堤桩号221+000~232+861）于2000年5月7日正式开工，由山东菏泽黄河工程局筑路工程处承揽施工，投入各类施工机械137部，其中推土机、灰土拌和机各3台，压路机6台，自卸三轮车108辆，平地机3部，洒水机3辆，沥青混凝土拌和设备1台套，发电机组1台套，装载机1台，沥青洒布机1部，沥青摊铺机1台，自卸车5辆。参加施工人员400余人，2001年9月竣工。

山东黄河河务局验收委员会于11月15日进行竣工验收，质量监督单位对工程质量等级核定为合格。

张闫楼控导工程整修任务完成

9月20日 张闫楼控导工程整修开工，10月25日竣工。共计完成土方4 000立方米，石方4 950立方米，丁扣坦石和浆砌石面积6 050平方米，清除树株1 750棵，完成投资17万元。

牡丹区黄河河务局成立调水调沙运用指挥部

10 月 9 日 牡丹区黄河河务局以菏牡区黄发［2001］14 号文成立小浪底调水调沙运用指挥部。布如坤担任指挥，副指挥由王勤修、冯特立、郑观堂、周洪军担任。指挥部下设综合调度组、工情组、水情组、用水控制组、宣传报道组、综合分析组、后勤保障组。文件同时明确了指挥部成员及各职能组的工作职责。

参加汛后河势查勘

10 月 17～22 日 黄河水利委员会组织河南、山东两河务局对汛后河势进行查勘，牡丹区黄河河务局派员参加了所辖河段的河势查勘。查勘期间，高村水文站大河流量 310～322 立方米每秒，刘庄险工河势继续下滑。

刘庄险工整修任务完成

10 月 20 日 刘庄险工整修任务开工，10 月 31 日竣工。共计完成坝面整修 800 平方米，坝坡整修 300 平方米，完成投资 6.6 万元。

中原油田勘探局获准在牡丹区河务局堤防两侧钻井开采

11 月 6 日 菏泽市黄河河务局批准中原油田勘探局在牡丹区黄河河务局贾庄险工北 1 000 米、李村镇油楼村距黄河大堤 200 米处钻井开采石油，并责成牡丹区河务局对钻井全过程进行监督。

刘庄险工根石加固工程开工

11 月 6 日 刘庄险工 20 号～24 号坝及护岸的根石加固工程

开工，次年3月20日竣工。参加施工人员45人，动用挖掘机1台，装载机1台，运输车辆35部。完成石方1.33万立方米（其中抛根石10 648立方米，抛铅丝笼2 666立方米），完成投资240.9万元。2003年8月13～14日，受山东河务局委托，菏泽市河务局进行了竣工验收。

牡丹区成立黄河滩区安全建设工作领导小组

11月10日　菏泽市牡丹区成立黄河滩区安全建设工作领导小组。区委副书记、常务副区长王永江任组长，副区长张西民、曹升灵任副组长，9位有关局、委的负责人为小组成员。

布如坤、冯特立、康月梅分别受聘为工程师和政工师

12月5日　山东菏泽黄河工程局印发菏黄工发［2001］41号文，聘任布如坤、冯特立为第二工程处工程师，聘任康月梅为第二工程处政工师。

牡丹区黄河河务局有关部门获上级表彰

12月6日　菏泽市黄河河务局以菏黄人劳发［2001］52号文表彰先进集体。牡丹区黄河河务局河务科、工程处大车队受到表彰。

牡丹区河务局与中原油田物探局签订经济补偿协议

12月19日　牡丹区黄河河务局和中原油田物探管理局关于管理局地调2169队在河务局河道管理范围内进行施工，对黄河工程可能造成的损失，需给予经济补偿一事签订协议，在协议书中有关物探作业时间、范围、补偿费数量、付款方式及其他事项均作了详细说明。

刘庄引黄闸引黄放水与水费征收任务完成

2001 年 牡丹区黄河河务局刘庄引黄闸完成年度引黄放水与水费征收任务，全年共放水 16 644 万立方米，实收水费 179 万元。

2002 年

刘庄险工被评为 2001 年度优秀险工工程

1 月 8 日 山东黄河河务局公布 2001 年度工程管理先进单位，刘庄险工被评为优秀险工工程。

牡丹区黄河河务局多项工作受表彰

1 月 29 日 菏泽市黄河河务局以菏黄办［2002］1 号、2 号文表彰 2001 年度目标管理和单项工作先进单位。牡丹区黄河河务局获目标管理二等奖。通信管理、职工培训、工会工作、档案管理、植树绿化被评为先进单位。

菏泽市黄河河务局表彰文明科室、段（所）

1 月 29 日 菏泽市黄河河务局以菏黄人劳发［2002］5 号文表彰文明科室、文明段（所）。牡丹区黄河河务局河务科、水政科、刘庄河务段获文明科室、文明段（所）称号。

开展植树绿化活动

2 月 18 日 牡丹区黄河河务局开始植树绿化工作，共完成植树 41 290 株。其中三倍体毛白杨 2 000 株、杨树 19 548 株、高杆柳 16 650 株，另有部分观赏树和果树等。完成投资 35.8 万元，实用工日 4 129 个。

郑观堂获黄河水利委员会书法作品三等奖

2 月 24 日 牡丹区黄河工委通报 2001 年度荣获上级表彰的先进单位和个人。郑观堂获黄河水利委员会书法作品三等奖。

牡丹区黄河河务局召开 2002 年治黄工作会议

2 月 24 日 牡丹区黄河河务局在刘庄河务段召开 2002 年治黄工作会议。会上，局长布如坤作了“解放思想，抢抓机遇，务实求进，开创牡丹区治黄事业新局面”的工作报告。

常爱萍获山东黄河“三八红旗手”称号

3 月 8 日 山东黄河工委印发鲁黄工会［2002］5 号文，授予常爱萍山东黄河“三八红旗手”称号。

印发 2002 年工程施工管理办法

4 月 18 日 牡丹黄河河务局印发 2002 年工程施工管理办法。该办法共 9 章 24 条。

印发 2002 年工程管理办法

4 月 18 日 牡丹区黄河河务局印发 2002 年工程管理办法。该办法共 5 章 26 条。

牡丹区黄河河务局晋升为省级精神文明单位

5 月 22 日 山东省精神文明建设委员会以鲁文明委［2002］3 号文授予菏泽市牡丹区黄河河务局 2001 年省级精神文明单位称号。9 月 6 日举行省级文明单位揭牌仪式。

苏立志获全河技术能手称号

5 月 24 日　黄河水利委员会以黄人劳［2002］48 号文表彰全河技术能手，苏立志获河道修防工全河技术能手称号。

牡丹区黄河河务局在册险点险段

5 月 31 日　菏泽市黄河河务局以菏黄汛发［2002］4 号文公布防洪工程险点险段检查情况，牡丹区黄河河务局的险点险段共 6 处，其中老口门潭坑 1 处，黄堤浸润线不足 4 处，刘庄险闸 1 处。

牡丹区黄河河务局组建 2002 年机动抢险队

6 月 7 日　牡丹区黄河河务局组建 2002 年机动抢险队，队长由冯特立担任，副队长由程再军、郑军担任，技术负责人由光治合担任，抢险队成员共计 41 人。

牡丹区黄河防汛督察组成立

6 月 16 日　牡丹区黄河防汛督察组成立，副区长练建军任组长，王建华、朱继法、布如坤等任副组长。制定了《牡丹区黄河防汛工作督察办法》。

黄河防汛抗旱总指挥部进行首次调水调沙试验

7 月 4 ~ 15 日　黄河防汛抗旱总指挥部进行小浪底水库首次调水调沙试验，以检验小浪底水库调水调沙运用的减淤效果，特别是检验小浪底运用对山东陶城铺以下窄河道的影响，优化小浪底调度运用方式，预筹黄河下游治理措施。

牡丹区黄河河务局对黄河水利委员会的新举措非常重视，及时建立机构、组织人员对调水调沙期间的河势、水情、工情、险情等情况均按上级要求进行观测、记录上报，对险情及时进行抢护，确保工程安全。

试验期间，高村水文站最大流量 930 立方米每秒（7 月 11 日 6 时）。7 月 8 日岔河头滩区漫滩进水，淹没面积 6 000 余亩，滩区工程大部分被冲毁，直接经济损失 600 余万元。7 月 11 日 7 时，刘庄险工 21 号坝根石走失，出现坍塌险情，经及时组织抢护，化险为夷。抢险用石 192 立方米，投资1 462元。

郑军、陈厚海晋升工程师

8 月 2 日 菏泽市黄河河务局以菏黄人劳发［2002］29 号文公布，郑军、陈厚海具备工程师任职资格。8 月 20 日，山东菏泽黄河工程局聘任郑军、陈厚海为第二工程处工程师。

牡丹区河务局开展“奋战 100 天，全局保安全”活动

9 月 23 日～12 月 31 日 牡丹区河务局开展“奋战 100 天，全局保安全”活动。

王东成晋升技师

10 月 8 日 菏泽市黄河河务局以菏黄人劳发［2002］35 号文公布，王东成具备电工技师任职资格。10 月 26 日，牡丹区黄河河务局聘任王东成为服务处电工技师。

牡丹区黄河河务局财会电算化通过验收

10 月 8 日 牡丹区黄河河务局财会电算化、手工甩账通过黄河水利委员会财务局财会电算化验收小组的验收。10 月 14 日，黄河水利委员会［2002］26 号文确认牡丹区黄河河务局具备财会电算化、手工甩账资格，自 2002 年 7 月 1 日起甩掉手工记账，采用计算机进行会计核算。

贾庄险工加高改建工程开工

10月31日 牡丹区黄河河务局贾庄险工17号~26号坝加高改建工程开工。该工程由山东黄河河务局以鲁黄工发［2002］41号文详设批复，主体工程由郑州黄河水电工程局负责施工，2003年7月9日完工；附属工程由菏泽黄河工程局负责施工；2003年7月6日开工，7月30日完工，共完成各类土方11.03万立方米，石方1.36万立方米，倒运备防石4 620立方米，植草2.19万平方米，砌排水沟612米。完成投资407.36万元。2003年12月1~4日，通过山东黄河河务局主持的竣工验收。

牡丹区黄河河务局机构改革方案获批复

11月25日 "牡丹区黄河河务局职能配置机构设置及人员编制方案"，经菏泽市黄河河务局研究，获得批复。按照批复意见，机构设置为：局机关设办公室、工务科、水政科（水政监察大队、黄河治安派出所）、财务科、人事劳动教育科、工会（均为正科级）。基础事业单位设刘庄河务段（刘庄闸管理所并入）、李庄河务段、黄河工程管理处（均为正科级）。社会服务类单位设服务部（将通信站并入，正科级）。经营开发类事业单位设经济发展管理办公室（正科级）。

人员编制124人，其中局机关人员编制38人。局领导职数按6人配备，其中局长1人，副局长2人，纪检员、工会主席、主任工程师各1人。局机关职能部门领导职数原则上按1正1副配备，定编在3人以下的设1职；4~7人的设1正1副；8人及以上的设1正2副。

局直属科级事业单位领导职数按1正1副配备，其中服务部按1正2副配备。刘庄河务段领导职数1正1副，李庄河务段领导职数1正1副。

刘庄河务段与职工签订黄金梨园承包合同

12 月 5 日　刘庄河务段与职工王桂英、李春云签订黄金梨园承包合同。

贺进山等任职调整

12 月 12 日　牡丹区黄河河务局通过竞争上岗，以牡黄人劳发［2002］16 号、17 号文决定聘任贺进山为财务科科长，常爱萍为财务科副科长，光治合为工务科科长，孔令科为工务科副科长，高尚军为水政科科长，曹更轩为水政科副科长，梁帮立为水政科副科长，陈厚华为人事劳动教育科副科长（主持工作），刘朝选为经济发展管理办公室主任，马松林为服务部主任，程再军为黄河工程管理处主任，梁鲁伟为黄河工程管理处副主任，陈厚海为刘庄河务段段长，李学宪为刘庄河务段副段长，李彦臣为刘庄河务段副段长，王志兴为李庄河务段段长。

牡丹区黄河河务局报废北京吉普两辆

12 月 18 日　菏泽市黄河河务局以菏黄财发［2002］7 号文核准牡丹区黄河河务局报废北京吉普车两辆，变价处理。

康月梅任职调整

12 月 22 日　中共牡丹区黄河河务局党组以牡黄党发［2002］5 号文聘任康月梅为工会副主席（正科级）。

孙建华任职调整

12 月 22 日　牡丹区黄河河务局以牡黄人劳发［2002］22 号文聘任孙建华为办公室主任。

牡丹区黄河河务局晋升国家二级档案管理单位

12 月 31 日　水利部办公厅以办档 191 号文通知：牡丹区黄河河务局达到国家二级档案管理单位，证书编号：SE91160057。

郑军任职调整

12 月 31 日　山东菏泽黄河工程局以菏黄工发［2002］30 号文聘任郑军为第二工程处主任。

刘庄引黄闸完成引黄放水与水费征收任务

2002 年　牡丹区黄河河务局刘庄引黄闸完成年度引黄放水与水费征收任务，全年共放水 17 831.5 万立方米，应征水费 192.68 万元，实际征收 210 万元。

郑观堂书法作品获第二届全国党政干部书画大赛优秀奖

2002 年　郑观堂书法作品荣获第二届全国党政干部书画大赛优秀奖，获黄河水利委员会庆祝党的十六大召开黄河系统职工美术、书法、摄影作品展三等奖。

2003 年

光治合任牡丹区黄河河务局主任工程师

1 月 3 日 菏泽市黄河河务局以菏黄人劳发［2003］1 号文通知聘任光治合为牡丹区黄河河务局主任工程师，试用期一年。

刘朝选任职

1 月 3 日 中共菏泽市黄河河务局党组印发菏黄党发［2003］1 号文，聘任刘朝选为牡丹区黄河河务局工会主席。1 月 12 日，中共菏泽市黄河河务局党组以菏黄党发［2003］2 号文通知，刘朝选任中共牡丹区黄河河务局党组成员。

山东河务局表彰 2002 年度先进单位与个人

1 月 21 日 山东黄河河务局以鲁黄办［2003］1 号、2 号文表彰 2002 年度单项工作先进单位和先进个人，牡丹区黄河河务局李庄河务段被评为控导工程管理先进单位，张宪柱被评为调水调沙先进个人。

牡丹区黄河河务局多项工作受表彰

1 月 23 日 菏泽市黄河河务局表彰 2002 年度目标管理和单项工作先进单位，牡丹区黄河河务局获目标管理先进单位二等奖，工程管理、通信管理、思想政治工作、档案管理、工会工作、后勤管理被评为先进单位。

牡丹区黄河河务局 2003 年治黄工作会议召开

2 月 14 日 牡丹区黄河河务局治黄工作会议在刘庄河务段召开，布如坤局长在会上作“解放思想，开拓创新，与时俱进，努力谱写牡丹区黄河治理开发新篇章”的工作报告。

牡丹区黄河河务局开展安全年活动

2 月 25 日 牡丹区黄河河务局以牡黄人劳发［2003］2 号文通知，在全局范围内开展“安全年”活动。活动领导小组组长由布如坤担任，副组长由王勤修、刘朝选、光治合担任。

牡丹区黄河河务局成立人事档案工作领导小组

2 月 28 日 牡丹区黄河河务局印发牡黄人劳发［2003］3 号文，成立人事档案工作领导小组，组长由王勤修担任，副组长由郑观堂、陈厚华担任。

离休工人医疗费参照离休干部标准据实报销

4 月 1 日 菏泽市黄河河务局通知，根据鲁黄离退发［1999］2 号文通知精神，新中国成立前参加工作的老工人的医疗费用可参照离休干部的标准，据实报销。

李庄河务段与职工签订成材林承包合同

4 月 8 日 牡丹区黄河河务局李庄河务段与职工宋友光、张军义、万坤峰、张宝银签订兰口淤区成材林承包合同。合同书包括承包内容，甲、乙双方责任，效益分配四部分。合同从 2003 年 4 月 8 日起生效，2008 年 8 月 31 日终止。

菏泽市黄河河务局机淤固堤工程完工

4 月 15 日 菏泽市河务局黄堤（桩号 227 +500 ~229 +700）机淤固堤工程完工。共完成机淤土方 90.83 万立方米，包边土方 1.34 万立方米，盖顶土方 9.03 万立方米，植树 3 423 棵，植草 4.19 万平方米，完成投资 1 468.17 万元（包括竣工节余资金 68.74 万元）。12 月 1 ~4 日，该项工程通过山东河务局主持的竣工验收。

牡丹区黄河河务局成立“非典”防治领导小组

4 月 22 日 牡丹区黄河河务局党组在一楼会议室召开非典型肺炎防治会议，郑观堂传达菏泽市、牡丹区防治“非典”会议精神。23 日，牡丹区黄河河务局成立非典型肺炎防治领导小组，布如坤任组长，王勤修、郑观堂、刘朝选任副组长，孙建华任办公室主任。4 月 30 日，调整晁民法任组长，其余人员未变。

参加汛前河势查勘

4 月 25 ~26 日 黄河水利委员会组织河南、山东两河务局技术人员乘船查勘苏泗庄以上河势。牡丹区黄河河务局派员参加相关河段河势查勘。查勘期间，高村水文站大河流量 190 ~233 立方米每秒。

晁民法任牡丹区黄河河务局局长

4 月 29 日 中共菏泽市黄河河务局党组通知，经省局鲁黄人劳干字［2003］11 号函批复，晁民法任中共菏泽市牡丹区黄河河务局党组书记。同时聘任为牡丹区黄河河务局局长，试用期一年。

牡丹区黄河河务局开展“交通安全百日竞赛”活动

5月1日~8月8日　牡丹区黄河河务局开展“交通安全百日竞赛”活动，王勤修任竞赛领导小组组长，刘朝选任副组长。活动结束后，经过总结评比，邵养民被评为优秀驾驶员。对评出的一、二等奖和鼓励奖的驾驶员及安全管理干部分别给予100~300元的奖励。

牡丹区黄河河务局部分设备报废

5月23日　牡丹区黄河河务局经领导审查批准，报废11种机械设备：刮平机2台，小精英手机1部，保险柜1台，195型柴油机2台，195型喷灌机1台，收割机1台，发电机2台，复印机1台，802型东方红拖拉机5台，铲运机10台，客货车1辆。总价值505 298元。

王勤修等获相应职称任职

6月2日　菏泽市黄河河务局以菏黄人劳发［2003］7号文公布，王勤修具备高级工程师任职资格（黄河水利委员会评委会通过时间：2003年1月11日）；油瑞岭、张宪柱具备工程师任职资格（山东省黄河河务局评委会通过时间：2003年3月13日）。8月15日，山东菏泽黄河工程局聘任王勤修为菏泽黄河工程局第二工程处高级工程师；油瑞岭、张宪柱为菏泽黄河工程局第二工程处工程师。

牡丹区黄河河务局开展“全国安全生产月”活动

6月10日　牡丹区黄河河务局以牡黄人劳发［2003］23号文通知，遵照上级指示精神，决定于6月开展“全国安全生产月”活动。活动主题为：实施安全生产法，人人事事保安全。

牡丹区黄河河务局调整安全生产委员会

7 月 4 日 牡丹区黄河河务局以牡黄人劳发［2003］10 号文调整安全生产委员会。主任委员为晁民法，副主任委员为王勤修、刘朝选。张颖为专职安全员。

黄委会专家组察看牡丹区黄河河务局机淤工程

7 月 28 日 由黄河水利委员会副总工带队的专家组在山东黄河河务局杜玉海总工、菏泽市黄河河务局张庆斌副局长的陪同下，对牡丹区黄河河务局的 3 处机淤工程（桩号：217 +968 ~ 221 +000、224 +000 ~227 +500、229 +700 ~232 +861）进行实地察看。

牡丹区黄河河务局报废部分房舍

8 月 4 日 经上级领导审查，同意牡丹区黄河河务局报废原编号 8 号、25 号、29 号宿舍房，43 号守险房，13 号、14 号仓库房，东银铁路兰口站房，共计 55 间 1 366. 65 平方米，账面原值 63 850. 5 元。

牡丹区黄河河务局防浪林和生态林工程通过验收

8 月 14 ~15 日 由山东黄河河务局委托菏泽市黄河河务局主持对牡丹区黄河河务局防浪林（225 +861 ~232 +861）和生态林（223 +400 ~224 +350）工程进行竣工验收。

防浪林工程是山东黄河河务局以鲁黄工发［2000］32 号文详设批复，于 2001 年 2 月 25 日开工，4 月 3 日竣工，完成栽植高柳 54 095 株，购地 241. 5 亩。完成投资 222. 33 万元。生态林工程是山东黄河河务局以鲁黄工发［2001］111 号文详设批复，于 2001 年 3 月 1 日开工，4 月 30 日竣工，完成植杨树 9 900 株

(88.9 亩)。完成投资 8.69 万元。

周可等考察刘庄险工

8 月 27 日　水利部、财政部领导周可、吴振鹏、赫崇诚等在黄河水利委员会领导的陪同下，考察了牡丹区黄河河务局刘庄险工。

牡丹区黄河河务局成立反恐怖工作领导小组

9 月 1 日　牡丹区黄河河务局以牡黄工务发［2003］9 号文公布成立反恐怖工作领导小组。晁民法局长任组长，冯特立副局长任副组长，张宪柱、孔令科等任成员，孔令科兼任办公室主任。

菏泽黄河兴业工程有限公司成立

9 月 29 日　菏泽黄河兴业工程有限公司成立，法定代表人、董事长为晁民法，企业负责人、总经理为王勤修，技术负责人为冯特立，12 月 25 日取得水利水电工程施工总承包二级资质。证书编号 A2054037222903 – 312。2004 年 9 月 20 日，由山东省建筑工程管理局核准法定代表和企业代表负责人变更为陈厚海，技术负责人变更为梁鲁伟。

王勤修等任职

10 月 29 日　中共牡丹区直属机关工委以菏区直发［2003］17 号文公布：王勤修任中共牡丹区黄河河务局总支委员会书记，郑观堂任副书记。刘朝选任中共牡丹区黄河河务局局机关支部委员会书记。陈厚海任中共牡丹区黄河河务局刘庄河务段支部委员会书记。王志兴任中共牡丹区黄河河务局李庄河务段支部委员会书记。郑军任中共牡丹区黄河河务局工程处支部委员会书记。

参加汛后河势查勘

10 月下旬 黄河水利委员会组织河南、山东两河务局进行汛后河势查勘，牡丹区黄河河务局派员参加了所辖河段的河势查勘活动。查勘期间，高村水文站大河流量 2 430 ~ 2 620 立方米每秒，刘庄河势继续下滑。如果持续下去，贾庄险工、张闫楼控导工程有着溜生险的可能，应做好两处工程抗洪抢险准备。

牡丹区黄河河务局程控交换机遭雷击损坏

11 月 6 日 8 时 20 分，牡丹区黄河河务局程控交换机遭雷击损坏，导致通信中断，临时运用 450 兆无线接入系统维持通信。2004 年 4 月 28 日，山东省防汛指挥部黄河防汛办公室同意菏泽市黄河河务局对程控交换机进行更换的方案，确定投资 6.7 万元。

牡丹区黄河河务局召开领导班子民主生活会

12 月 5 日 牡丹区黄河河务局在一楼会议室召开领导班子民主生活会，除郑观堂外出学习外，其他领导成员均参加了会议。菏泽市黄河河务局工会主席布如坤、市河务局人劳科李萍参加了会议。

张军义晋升技师

12 月 8 日 菏泽市黄河河务局以菏黄人劳发［2003］33 号文公布张军义具备河道修防工技师资格，从 2003 年 9 月 8 日黄河水利委员会技师评审委员会通过算起。26 日，牡丹区黄河河务局聘任张军义为李庄河务段河道修防工技师，自 2003 年 10 月算起，聘期三年。

刘金海等检查牡丹区黄河河务局工程管理工作

12 月 9 日 由刘金海、张宝森组成的黄河水利委员会专家组在省、市黄河河务局领导的陪同下，对牡丹区黄河河务局的堤防、险工、控导工程的管理情况进行了全面检查。

山东省委、政府表彰 2003 年抗洪救灾先进集体和个人

12 月 30 日 中共山东省委、山东省人民政府印发鲁委［2003］304 号文，表彰 2003 年黄河抗洪救灾先进集体和先进个人。牡丹区黄河河务局副局长冯特立荣立三等功。

刘庄引黄闸完成引黄放水与水费征收任务

2003 年 牡丹区黄河河务局刘庄引黄闸完成年度引黄放水与水费征收任务，全年共放水 8 584.8 万立方米，全额征收水费 144 万元。

郑观堂书法作品获全国当代诗联书法大展赛一等奖

2003 年 郑观堂参加全国当代诗联书法大展赛，其书法作品获大展赛一等奖。

2004 年

陈厚海等人职务任免

2 月 9 日 牡丹区黄河河务局以牡黄人劳发［2004］1 号、2 号文聘任：陈厚海为菏泽黄河兴业公司副经理（正科级），免去刘庄河务段段长职务；聘任王志兴为牡丹区黄河河务局经济办公室主任，免去李庄河务段段长职务；聘任李学宪为刘庄河务段副段长（主持工作），杨卫东为李庄河务段副段长（主持工作）。

牡丹区黄河河务局调整职工工资

2 月 16 日 菏泽市黄河河务局根据山东河务局鲁黄人劳发［2003］50 号文规定，批准牡丹区河务局在职职工 151 人调整工资，月增资额 8 463 元。离退休职工 81 人增加离退休费，月增资额 3 759 元。均从 2003 年 7 月 1 日起执行。

曹德印、郑观堂获政工师任职资格

2 月 27 日 经黄河水利委员会专业技术职务评审委员会通过，菏泽市黄河河务局以菏黄人劳发［2004］25 号文公布曹德印、郑观堂获政工师任职资格。10 月 14 日，牡丹区河务局聘任曹德印为服务部政工师，聘期 3 年，从 2004 年 3 月算起。

《牡丹区黄河志》编纂委员会成立

4 月 1 日 牡丹区河务局以牡黄办发［2004］6 号文通知，

《牡丹区黄河志》编纂委员会成立，主任委员由晁民法担任。副主任委员由郑观堂、孙建华担任，委员有陈厚华、贺进山、康月梅、张宪柱、马松林、王志兴、高尚军、李学宪 、杨卫东、刘英杰、郑军、程再军、油瑞岭等。

牡丹区黄河河务局工程管理受省局表彰

4 月 5 日　山东河务局以鲁黄办［2004］9 号文通报表彰先进单位与先进个人：牡丹区黄河河务局为黄河工程管理十佳单位。晁民法为工程管理先进个人，高尚军为水政工作先进个人。

尚志刚晋升工程师

4 月 13 日　经山东河务局专业技术职务评审委员会通过，菏泽市河务局以菏黄人劳发［2004］25 号文公布尚志刚获得工程师任职资格。10 月 14 日，牡丹区黄河河务局聘任尚志刚为经济发展管理办公室工程师。聘期 3 年，从 2004 年 5 月算起。

牡丹区黄河河务局完成公务员过渡工作

4 月 30 日　牡丹区黄河河务局依照山东河务局公务员过渡工作的指示精神，确认国家公务员 23 人。

牡丹区防汛指挥部与乡镇办事处签订黄河防汛责任书

5 月 26 日　牡丹区防汛抗旱指挥部指挥长张贵宾与各乡（镇、办事处）签订黄河防汛责任书。责任书明确规定了 15 条防洪职责，确保黄河花园口站 22 000 立方米每秒洪水大堤不决口，遇超标准洪水要尽最大努力，采取一切办法减少灾害。

牡丹区黄河河务局荣获“五一”劳动奖状

5 月　牡丹区总工会颁发 2004 年“五一”劳动奖状和奖章，

牡丹区黄河河务局荣获“五一”劳动奖状。

侯凤兰、李新增、邓东岳晋升技师

6 月 15 日 经黄河水利委员会技师评审委员会通过，菏泽市黄河河务局以菏黄人劳发［2004］34 号文公布侯凤兰、李新增、邓东岳具备河道修防工技师任职资格。10 月 14 日，牡丹区河务局聘任侯凤兰、李新增为刘庄河务段修防工技师，聘期 3 年，从 2004 年 7 月算起。11 月 16 日，菏泽黄河工程局聘任邓东岳为第二工程处河道修防工技师，聘期 3 年，从 2004 年 7 月算起。

牡丹区政府印发《牡丹区黄河防洪预案》

6 月 26 日 牡丹区人民政府印发《牡丹区黄河防洪预案》。预案包括河道与防洪工程概况，防洪任务和防洪重点，防洪指挥与职责分工，防汛队伍组成和使用原则，黄河防汛料物与使用，查险抢险，存在的主要问题，各流量级洪水防御措施及各项保障等内容。

第三次黄河调水调沙试验刘庄险工出险抢护

7 月 7 日 8 时，黄河高村水文站流量 2 550 立方米每秒，刘庄水位 61.41 米，刘庄险工 29 号～30 号坝靠主溜。调水调沙试验开始以来，刘庄险工 29 号～30 号坝护岸、31 号坝、35 号坝由于连续受大溜淘刷，根石走失严重，4 次出现较大险情。抢险使用石料 1 040 立方米，柳料 3.78 万公斤，麻绳 300 公斤，铅丝 2 098 公斤，木桩 30 根，人工工日 1 041 个，总投资 14.25 万元。

牡丹区黄河河务局党组开展“保先”教育准备工作

7月16日　中共牡丹区黄河河务局党组印发关于认真做好保持共产党员先进性教育活动准备工作的通知。成立组织和工作机构，领导小组组长由晁民法担任，副组长由王勤修、郑观堂担任，成员有陈厚华 、孙建华、桑圣生 、康月梅等。领导小组办公室设在人事劳动教育科，陈厚华、孙建华兼任办公室正、副主任。“保先”教育的主要内容为：深入开展调查摸底工作、抓紧整改突出问题、做好培训工作、认真搞好宣传教育。

牡丹区黄河河务局接受区人大代表工作评议

8～11月　牡丹区黄河河务局遵照江泽民总书记关于接受人大代表监督的论述，以及牡丹区委、政府关于对垂直管理部门进行工作评议的通知精神，接受牡丹区人大代表的工作评议。首先成立了以局长晁民法为组长，副局长王勤修、纪检员郑观堂为副组长，办公室、人劳科、工会和河务段主要负责人为成员的领导组织，印发了《牡丹区黄河河务局落实人大代表工作评议的实施方案》。8月24日，牡丹区黄河河务局准备了2004年接受人大代表评议工作汇报材料。10月2日，河务局局长向人大代表报告了全面工作。11月8日报送了牡丹区黄河河务局关于接受人大代表评议整改方案。经过评议，牡丹区人大常委会授予牡丹黄河河务局“人民信任”单位称号。

调整新中国成立前参加工作的退休工人医药费报销标准

8月12日　山东河务局通知：新中国成立前参加工作的退休工人医药费报销标准统一按照离休干部报销规定报销。牡丹区黄河河务局苑德胜、卢建中改按此规定报销医疗费用。

山东河务局表彰防汛抢险技能竞赛优秀人员

9 月 1 日 山东河务局对 2004 年全局防汛抢险技能竞赛参赛代表队和个人优秀选手进行表彰。牡丹区黄河河务局甄恩国、任军成、王建峰、宋有光获得一等奖。苏立志获得“山东黄河技术能手”称号。

菏泽市牡丹区黄河河务局名称变更

9 月 9 日 山东黄河河务局通知，菏泽市牡丹区黄河河务局变更为菏泽黄河河务局牡丹黄河河务局，中文简称牡丹河务局。

牡丹河务局调整黄河兴业公司领导成员

9 月 20 日 牡丹河务局为了黄河兴业公司更好地发展，对公司领导成员进行了调整，进行撤回原委派的 7 人，重新委派陈厚海、董学朋、油瑞岭、刘英杰、梁鲁伟、张建娥、甄恩国、程爱霞 8 名人员参与该公司的经营管理工作，组成了菏泽黄河兴业工程有限公司领导班子。

牡丹区黄河浮桥建设获得批准

10 月 28 日 山东河务局以鲁黄水政字第 44 号文批复，同意牡丹区交通局在刘庄险工 36 号 ~37 号坝之间（相应黄堤桩号 222 +300 处）兴建油楼浮桥工程。10 月 30 日，牡丹黄河河务局与菏泽市顺通浮桥有限公司签订黄河浮桥建设管理及缴纳费用协议。协议共九条，其中第三条规定：自浮桥正式通行起，乙方（菏泽市顺通浮桥有限公司）向甲方（牡丹黄河河务局）每年交纳工程维护费和压堤费 4 万元。

至 2005 年 8 月 18 日，由于原批的浮桥位置合适发生了变化，不能满足浮桥建设条件，山东黄河河务局同意牡丹区交通局的请示，牡丹区油楼浮桥建设位置变更在张闫楼至高寨两村黄河的滩区，相应黄堤桩号 230 + 450 处。

牡丹区防汛抗旱指挥部印发《2004 ~ 2005 年度黄河防凌预案》

11 月 22 日　菏泽市牡丹区防汛抗旱指挥部印发《2004 ~ 2005 年度黄河防凌预案》。

牡丹河务局获山东黄河工程管理十佳单位称号

12 月 14 日　山东河务局表彰 2004 年度山东黄河工程管理先进单位和示范工程，牡丹河务局被评为山东黄河工程管理十佳单位，李庄河务段堤防、张闫楼控导工程被评为工程管理示范工程。

杨怀森、李培堂获健康文明老人称号

12 月 14 日　菏泽河务局授予杨怀森、李培堂为菏泽黄河健康文明老人称号。

牡丹河务局被确认为“五个十”工程示范单位

12 月 20 日　黄河水利委员会以黄建管［2004］43 号文通知，牡丹河务局为黄河水利委员会工程管理“五个十”工程示范单位，张闫楼控导工程为工程管理示范工程。

高尚军被山东河务局评为水政工作先进个人

12 月 31 日　公布 2004 年度山东黄河水政工作先进单位和个人，牡丹河务局高尚军被评为先进个人。

牡丹河务局完成东明标准化堤防建设任务

2004 年　牡丹河务局积极参与东明标准化堤防建设施工。

先后完成大堤帮宽土方 16 万立方米，防滚河坝施工土方 13 万立方米，石方 8 000 立方米，积淤固堤土方 45 万立方米，堤顶道路硬化 7 公里，圆满完成了所承担的施工任务。

牡丹河务局水利经营超额完成目标任务

2004 年 牡丹河务局水利经营收入实现年产值 2 317 万元，超额完成了菏泽河务局下达的 2 225 万元的目标任务。其中完成一产 136 万元，完成二产 2 097 万元，完成三产 84 万元。

郑观堂书法作品多次获奖并被荣聘

2004 年 郑观堂书法作品 2004 年多次获奖并被荣聘。6 月郑观堂书法荣获“欧阳洵奖”全国书法大赛铜奖，并入编《中国当代书法家博览》；7 月获“2004 年中国书法名家新作展”书法银奖，并被山西省河津画院聘为名誉副院长；8 月荣获“纪念邓小平同志诞辰 100 周年”全国书画书法一等奖，并被东方古今艺术馆收藏；10 月荣获“2004 年中国书画名家新作展”书法银奖，并被授予当代杰出书画家荣誉称号。

刘庄引黄闸完成引黄放水及水费征收任务

2004 年 刘庄闸完成年度引黄放水及水费征收任务，全年共放水 11 933 万立方米，全额征收水费 140 万元。

2005 年

山东河务局表彰第一期标准化堤防建设先进个人

1 月 16 日　山东河务局黄河工会山东区工委以鲁黄办［2005］5 号文表彰山东省黄河第一期标准化堤防工程建设先进个人，并同时记个人二等功。牡丹河务局王勤修、刘洪民、苏立志榜上有名。

牡丹河务局荣获目标管理先进单位称号

1 月 18 日　菏泽黄河河务局以菏黄办［2005］2 号文表彰牡丹河务局为 2004 年度目标管理先进单位，荣获一等奖。

牡丹河务局安全生产等 4 个单项工作受表彰

1 月 18 日　菏泽黄河河务局以菏黄办［2005］3 号文表彰 2004 年度单项工作先进单位，牡丹河务局获得安全生产、宣传报道、纪检监察、工会工作先进单位称号。

局长与各部门主要负责人签订党风廉政建设责任书

1 月 27 日　牡丹河务局局长晁民法与办公室、人劳科、财务科、服务部、工会、工务科、水政科、大车队、铲运机队、李庄河务段、刘庄河务段、黄河兴业公司、工程管理处主要负责人分别签订了党风廉政建设责任书。3 月 18 日，晁民法又以责任人与菏泽黄河河务局局长王玉华签订党风廉政建设责任书。

牡丹河务局增设纪检组

2 月 20 日　中共山东黄河河务局菏泽黄河河务局党组菏黄党［2005］7 号文，根据黄河水利委员会和山东河务局党组关于县（区）河务局设置党组纪检组的通知精神，决定设立牡丹黄河河务局纪检组，任命郑观堂为牡丹河务局党组成员、纪检组长。

陈厚华、孙建华获得政工师任职资格

3 月 15 日　经黄河水利委员会专业技术职务评审委员会通过，菏泽黄河河务局以鲁黄人劳发［2005］21 号文公布，陈厚华、孙建华获得政工师任职资格。

陈厚华等 9 人任职

3 月 22 日　菏泽黄河河务局以菏黄人劳函［2005］2 号文批复关于任命或聘任陈厚华等 9 人工作职务，同意任命：陈厚华为牡丹黄河河务局人事劳动教育科科长，张宪柱为牡丹黄河河务局工务科科长。

同意聘任：李学宪为牡丹黄河河务局刘庄河务段段长，刘洪民为牡丹黄河河务局刘庄河务段副段长，杨卫东为牡丹黄河河务局李庄河务段段长，李新华为牡丹黄河河务局李庄河务段副段长，董学朋为菏泽黄河兴业工程有限公司负责人（正科），油瑞岭为牡丹黄河河务局筑路工程处主任（正科），刘英杰为菏泽黄河工程局第二工程处主任（正科）。

桑卫华、王晓春取得经济师任职资格并受聘

4 月 18 日　菏泽黄河河务局以菏黄人劳［2005］8 号文通知，桑卫华、王晓春取得经济师任职资格，自 2004 年 11 月算

起。5 月 27 日受聘为牡丹河务局财务科经济师。

梁鲁伟、刘英杰取得工程师任职资格并受聘

4 月 22 日 山东河务局专业技术职务评审委员会评审通过，菏泽黄河河务局以菏黄人劳［2005］21 号文公布，梁鲁伟、刘英杰获得工程师任职资格。8 月 18 日牡丹河务局聘任梁鲁伟为黄河工程管理处工程师。10 月 26 日菏泽黄河工程局聘任刘英杰为第二工程处工程师。聘期 3 年，从 2005 年 5 月算起。

牡丹河务局成立防洪工程建设项目办公室

4 月 26 日 为更好地做好防洪工程建设工作，根据菏泽黄河河务局通知精神，牡丹河务局成立防洪工程项目管理办公室。主任由晁民法担任；副主任由王勤修、冯特立担任。技术负责人为光治合。防洪工程建设项目办公室设立建管科、质检科、综合科、财务科、移民科，张宪柱、光治合、曹德印、贺进山、高尚军分别为各科科长。

牡丹河务局和王勤修获黄河水利委员会表彰

4 月 29 日 黄河水利委员会以黄办［2005］14 号文决定授予牡丹河务局治黄先进集体和王勤修治黄劳动模范称号。

《牡丹区黄河防洪工程抢护方案》编制完成

4 月 牡丹区防汛指挥部黄河防汛办公室编制了《牡丹区黄河防洪工程抢护方案》。方案阐明了牡丹黄河工程的概况，提出各流量级洪水可能发生的险情和具体抢护措施。

牡丹区防汛抗旱指挥部与区属单位签订黄河防汛责任书

5 月 30 日 牡丹区防汛抗旱指挥部指挥长丁志刚与牡丹区

各乡镇办事处、区直单位签订了黄河防汛责任书。

牡丹河务局认真开展保持共产党员先进性教育活动

1～6 月 牡丹河务局按照地方党委部署，全局 46 名党员开展了以实践“三个代表”重要思想为主要内容的保持共产党员先进性教育活动。通过宣传发动、认真学习、召开民主生活会、纂写个人党性分析材料和制订整改方案，顺利完成了学习提高、分析评议、整改等阶段的各项任务。活动中结合单位实际，紧紧围绕东明标准化堤防和我局防洪工程建设等中心工作，全体党员立足本职岗位，认真履行职责，无私奉献，把保持共产党员先进性的具体行动落实到工程建设等各项工作中，做到先进性教育和治黄工作两不误、两促进，有力地推动了工程建设等工作的顺利完成。

马吉文、油怀信、油顺领晋升技师

5 月 30 日 经黄河水利委员会技师评审委员会评审通过，菏泽黄河河务局以菏黄人劳［2005］24 号文公布，马吉文、油怀信、油顺领具备河道修防工技师任职资格。10 月 26 日，菏泽黄河工程局聘任三人为筑路工程处河道修防工技师，聘期 3 年，自 2005 年 6 月算起。

牡丹河务局印发 2005 年黄河调水调沙运行预案

6 月 2 日 牡丹河务局印发 2005 年牡丹区黄河调水调沙预案的通知。2002～2004 年黄河下游三次调水调沙试验取得了较大成果，该年将实施第一次生产运行，根据黄河防汛抗旱总指挥部，省、市黄河防办有关文件要求，结合牡丹区实际，制定了《2005 年牡丹区黄河调水调沙调度预案》、《2005 年牡丹区黄河调水调沙河道观测预案》、《2005 年牡丹区黄河调水调沙工程抢险预案》和《2005年牡丹区黄河调水调沙滩区防护预案》。

杜昌文等察看刘庄险工和张闫楼滩区

6月12日　菏泽市市长、市防汛指挥部指挥长杜昌文和副市长、防汛指挥部副指挥长邵好学，带领河务局、水利局等有关部门负责人，在沿黄四县（区）主要负责人和山东河务局工作组副组长许建中陪同下，先后视察了刘庄险工、张闫楼滩区等，并在市政府召开黄河防汛座谈会。杜市长强调：黄河调水调沙，经过三次试验，今年转入生产运行意义非常，我们要实现三个确保，确保黄河调水调沙生产运行成功，确保滩区群众的利益不受损失，确保4 000立方米每秒的洪水不漫滩。

牡丹区政府印发《牡丹区黄河防洪预案》

6月13日　菏泽市牡丹区人民政府以菏区政发［2005］19号文印发《牡丹区黄河防洪预案》。

毕东升等勘察菏泽黄河滩区偎水情况

6月17日　黄河水利委员会防汛办公室主任毕东升带领黄河水利委员会水利科学研究院、水文局等有关部门的水情专家，在山东河务局防汛办公室副主任孙惠杰和菏泽河务局局长王玉华等陪同下，对黄河调水调沙生产运行期间菏泽滩区偎水情况进行勘察，实地勘察了岔河头滩区等，并现场对一线观测人员传授提高观测精度的方法。

牡丹区区长丁志刚一行检查黄河调水调沙工作

6月24日　牡丹区防汛指挥部指挥长丁志刚，区委副书记刘巧云等一行，在牡丹河务局局长晁民法的陪同下，检查了牡丹区黄河调水调沙工作，并慰问一线工程巡查人员，要求巡查人员坚守岗位，密切关注水情、工情变化，确保 4 000 立方米每秒洪水不漫滩。丁区长一行到刘庄险工查看河势，听取了晁民法局长就当前黄河汛情及调水调沙情况的报告，对做好防汛及调水调沙提出了具体要求。

牡丹河务局职代会被山东省总工会命名为“优秀星”职代会

6 月 由山东省总工会、菏泽市总工会和牡丹区总工会进行“优秀星”活动全面验收，牡丹河务局职代会被山东省总工会表彰命名为“优秀星”职代会。

刘庄险工两次抢险

10 月 5 日和 9 日 受大溜顶冲的刘庄险工 31 号坝下跨角和迎水面出现根石严重走失、根石台坍塌、坦石下滑等险情，两次抢险共用石料 639 立方米，工日 256 个，完成投资 6.80 万元。

晁民法等 9 人被省河务局表彰

10 月 8 日 山东黄河河务局印发鲁黄人劳［2005］77 号文，作出表彰东明标准化堤防建设先进集体和个人的决定，牡丹河务局晁民法、冯特立、王勤修、刘朝选、曹更轩、曹明泉、张亚松、刘奎生、刘英杰九人被评为为先进个人，并记二等功。

印发《2005～2006 年度牡丹区黄河防凌预案》

11 月 22 日 菏泽市牡丹区防汛抗旱指挥部印发《2005～2006 年度牡丹区黄河防凌预案》。

牡丹河务局获“十五”工程管理先进单位称号

12 月 20 日 山东黄河河务局以鲁黄人劳［2005］90 号文授予牡丹黄河河务局山东黄河“十五”工程管理先进单位称号，

孔令科为山东黄河“十五”工程管理先进工作者。

梁帮立受山东黄河河务局通报表彰

12 月 23 日　山东黄河河务局以鲁黄人劳［2005］93 号文通报表彰水政工作先进个人，梁帮立榜上有名。

菏泽市档案局通报表彰王翠红为档案管理先进个人

12 月 26 日　菏泽市档案局以菏档发［2005］31 号文通报 2005 年度全市档案管理考核情况中，表彰王翠红为档案管理先进个人。

牡丹河务局获山东黄河河务局年度新成果奖

12 月　2005 年牡丹河务局大力开展科学技术研究、研制成多功能机淤辅助车，获山东黄河河务局年度创新成果奖。

郑观堂 2005 年书法作品获奖

2005 年　郑观堂书法作品荣获菏泽黄河河务局“黄河杯”书画摄影一等奖；获“华夏龙杯”全国书法篆刻大赛书法银奖；获“福禄寿禧、梅兰竹菊”全国书画大赛书法银奖；获菏泽市“花香正气杯”书画展书法一等奖。

牡丹河务局在东明标准化堤防建设中取得优异成绩

2005 年　牡丹河务局积极参与黄河东明标准化堤防建设工程施工，先后完成了高村险工机淤盖顶土方 45 万立方米，堡城险工加高改建土方 25 万立方米、石方 2 万立方米，亚行贷款投资六标机淤固堤土方 160 万立方米。

牡丹河务局完成机淤土方 330 万立方米

2005 年 牡丹河务局辖区内亚行贷款投资三个标段机淤固堤工程，在做好前期准备工作的基础上顺利开工，计划土方 730 万立方米，到 12 月底，完成淤沙土方 330 万立方米，为全面完成牡丹黄河标准化堤防建设任务打下基础。

牡丹河务局实现经济总收入 2 068 万元

2005 年 牡丹河务局实现经济总收入（产值）2 068 万元，其中一产收入 71 万元，二产收入 1 937 万元，三产收入 60 万元。

刘庄引黄闸完成引黄放水与水费征收任务

2005 年 刘庄引黄闸完成年度引黄放水与水费征收任务，全年引黄放水 14 331 万立方米，实收水费 147 万元。

编后记

牡丹黄河史是一段十分重要的黄河治理历史，也是方志的重要组成部分。牡丹黄河的治理发展史，留下了牡丹黄河人对黄河的治理、开发、利用、发展的脚印，尤其是1986年至2005年这段时间内，牡丹黄河发生了较多重大事件，发生了根本性的变化，是治黄史上开天辟地的变革，必将成为后人治理黄河重大研究课题的重要参考文献。

《菏泽牡丹黄河大事记》的出版，编纂人员付出了艰辛的劳动，枯燥、乏味、辛苦，是编纂人员共同的感受。但看到《菏泽牡丹黄河大事记》出版成书，心中又感到无比的荣幸和自豪。同时，《菏泽牡丹黄河大事记》的出版也离不开兄弟单位、上级领导、离退休老干部、牡丹区有关专家的大力支持，在此，表示衷心的感谢。

由于时间仓促、资料有限，在编纂《菏泽牡丹黄河大事记》过程中，难免遗漏重要事件，难免出现不足甚至错误，恳请读者提出批评和建议。

编　者

2012年11月26日